Florian Tekale

POP PIANO SCHOOL
Für Einsteiger

10 Tracks im Audio-Format! Jetzt auch ONLINE verfügbar!

Mein Dank an:

alle, die mir Anregungen und Tipps mit auf den Weg gegeben haben – ohne euch wäre das Buch nicht das geworden, was es jetzt ist. Um nur einige zu nennen:

Torsten Bader, Christina Schiefer, Constanze Bolliger, Jovana Mihajlovski, Miodrag Spasevski, Philipp Moehrke, Thomas Petzold von Alfred Music, der mit mir zusammen viel Zeit mit diesem Projekt verbracht hat, und – last but not least – meine Schülerinnen und Schüler, ohne die dieses Buch nie entstanden wäre.

ONLINE AUDIO – Note the code:
Zum Lieferumfang dieses Buchs gehört auch eine CD. Solltest du keinen CD-Spieler besitzen, kannst du dir die dazugehörigen MP3-Dateien auf unserer Website downloaden:

alfredmusic.de/downloads:
Dein Password: 3947998163

*Das gesamte Werk ist in allen seinen Teilen urheberrechtlich geschützt. Mit dem Kauf dieses Produkts übertragen wir dem Käufer das Recht, das Buch und die dazugehörigen digitalen Daten **ausschließlich für den persönlichen Gebrauch** zu nutzen. Jegliche Form der Verwendung außerhalb der engen Grenzen des Urheberrechts bedarf der vorherigen schriftlichen Zustimmung des Verlages. Dies gilt insbesondere für Vervielfältigungen wie Fotokopien, Einspeicherung und Verarbeitung in elektronischen Medien sowie die Übersetzung in eine andere Sprache oder Mundart. Jede Form der kommerziellen, nicht-privaten Nutzung ist ausdrücklich untersagt!*

Ebenfalls erhältlich:

POP PIANO SCHOOL X-MAS SPECIAL ist mehr als nur ein Weihnachtsliederbuch für Klavier. Neben leichten bis mittelschweren Arrangements bekannter und beliebter Weihnachtslieder werden an vielen Stellen praktische Tipps und Anleitungen zum kreativen Umgang mit Weihnachtsliedern gegeben. Im Fokus steht dabei auch das Thema Liedbegleitung am Piano.

Nach dem Motto *Christmas and more ...* wird hier weit mehr vermittelt, was von praktischem Nutzen ist – nicht nur im Hinblick auf die Weihnachtszeit. Damit ist X-MAS SPECIAL die ideale Ergänzung zu **POP PIANO SCHOOL**!

© 2020 by **Alfred** Music Publishing GmbH
info@alfredverlag.de
alfredverlag.de | alfredmusic.de

All Rights Reserved.
Printed in Germany.

Covergestaltung: Matthias Bielecke
Notensatz: Matthias Bielecke | Thomas Petzold
Layout & Lektorat: Thomas Petzold
Gesamtleitung: Thomas Petzold
Art.-Nr.: 20283G (Buch & CD)
ISBN 10: 3-947998-16-3
ISBN 13: 978-3-947998-16-6

CD-Produktion: Florian Tekale, Torsten Bader
Piano-Einspielungen: Florian Tekale
Illustrationen:
S. 6 (aus: 6268 Klavierschule für Erwachsene Band 1)
S. 19, 25, 30 (Felix Küssel)
Fotos:
S. 7 (Carsten Gerlitz, aus: 20984-297 Piano Extraleicht)
S. 10, 105, 107 (Florian Tekale)

Vorwort

Liebe Piano-Fans,

endlich ist es soweit! Nach jahrelanger Arbeit kann ich euch mein innovatives Piano-Buch präsentieren, das die Wünsche und Bedürfnisse vieler Einsteiger von heute berücksichtigt: **Pop Piano School** ist die *erste* Klavierschule für Popularmusik!

Im Fokus steht das **Thema Akkorde**. **Pop Piano School** vermittelt euch die Grundlagen für *modernes* Akkordspiel, wie es in der heutigen Popularmusik üblich ist. Als Ergänzung zum Solospiel geht es hier auch um *zeitgemäße Songbegleitung* – etwas, das ihr können müsst, um auf der Höhe der Zeit zu sein! Besonders interessant wird das Thema Akkorde, wenn ihr ...

- ... selber singt und euch selbst auf dem Klavier begleiten wollt.
- ... eine Sängerin, einen Sänger oder einen Pop-Chor begleiten wollt.
- ... als Pianist oder Keyboarder in einer Band spielen wollt.

Ein weiterer Schwerpunkt liegt auf *zeitgemäßem Solospiel*. In **Pop Piano School** lernt ihr grundlegende „Handgriffe" und Techniken für einen modernen Piano-Sound.

Pop Piano School ist in drei Teile gegliedert:
- ▷ **Teil 1** (S. 6 – 49)
  - **Basics** (Notenlesen, Einführung in die Pop-Rhythmik, Pedal, Lagenwechsel)
- ▷ **Teil 2** (S. 50 – 87)
  - **Akkorde** (Songbegleitung, Harmonielehre, Spiel nach Akkordsymbolen)
- ▷ **Teil 3** (S. 88 – 113)
  - **Solo Piano** (Techniken für die linke Hand, Dynamik, musikalische Gestaltung)

Teil 1 enthält wichtige *Grundlagen für Einsteiger*. Deshalb kann **Pop Piano School** von Anfang an als Klavierschule verwendet werden. Wiedereinsteiger, die bereits mit den Basics vertraut sind, können sich unter Umständen gleich an Teil 2 und 3 heranwagen – und Teil 1 eventuell zur Auffrischung nutzen.

Ich wünsche euch viel Spaß mit **Pop Piano School** ...

Inhalt

Vorwort	3
Sitzhaltung am Klavier	6
Fingerhaltung	6
Der Fingersatz	7
Die Tastatur	7
Wie finde ich mich auf der Tastatur zurecht?	8
Oktaven	8
Das Notensystem	9
Notenwerte	9
Put Your Hands on Your Keys!	10
Das Klaviersystem	10
Get started	11
Beidhändiges Spiel	11
Der 4/4-Takt	11
Find the keys!	12
Wiederholungszeichen	12
Get 2gether	13
Beidhändiges Spiel	13
Wie man übt, vom Blatt zu spielen	13
Speed Up	14
Üben mit Metronom	14
Verschiedene Rhythmen in beiden Händen	15
Merrily We Roll Along	16
Spielen im Fünftonraum	17
Pedalspiel 1	19
Beidhändiges Spielen im Fünftonraum	19
Daydream	20
Here We Go	21
Staccato – Legato	22
Got It!	23
Achtelnoten	24
Meditation	25
Pedalspiel 2	25
Unabhängiges Spiel beider Hände	26
Strolling	26
The Way We Play	27
Der 6/8-Takt	27
Joy (Secondo und Primo)	28
Pedalspiel 3	30
Wave	31
Ein neuer Fünftonraum für die rechte Hand	32
Radio Rock Star	33
Punktierte Rhythmen	34
Auftakt	34
Pick Up the Beat	35
Island Rhythm	35
Neue Lagen für beide Hände	36
Nordic Waltz	37
Der 3/4-Takt	37
Mirrors	38
Disco Dancer	39
Das Kreuz-Versetzungszeichen (♯)	40
Song for Lydia	40
Stairway	41
Der Alla breve-Takt (Zwei-Halbe-Takt)	41
Latin Dance	41
Das B-Versetzungszeichen (♭)	42
Broadway	42
Walking Down the Road	43
Das Auflösungszeichen (♮)	44
Where Are You Now?	44
Übersicht über das Notensystem	45
Lagenwechsel	46
Reflection	47
Ticking Clock	48
Hold On	49
Doppelgriffe	50
Die Quinte	50
California Journey	50
Die Terz	51
Distant Lights	51
Dreiklänge	52
Chords	52
Harmony	53
Dur- und Moll-Akkorde	54
Back in the City	56
Intervalle	57
Confidence	59
Classic Lines	60
Eddy's Waltz	60

Dreiklangsumkehrungen ... 61
- 1. Umkehrung ... 61
- *Coming Home* ... 63
- 2. Umkehrung ... 64
- *Sunshine* ... 66
- Übersicht Dreiklangsumkehrungen ... 67
- *Rising High* ... 68
- *Dreams* ... 69

Die Tonart C-Dur ... 70
- C-Dur-Tonleiter ... 70
- Leitereigene Dreiklänge in C-Dur ... 70
- *Song for Everyone* ... 71

Die Tonart F-Dur ... 72
- Vorzeichen F-Dur ... 72
- Leitereigene Dreiklänge in F-Dur ... 72
- *Hey Roger!* ... 73

Septakkorde ... 74
- *Arend B.* ... 75

Die Tonart G-Dur ... 76
- Vorzeichen G-Dur ... 76
- Leitereigene Dreiklänge in G-Dur ... 76
- *Summer Reggae* ... 77
- *Lenny's Groove* ... 78

Variationen beim Akkordspiel ... 79
- Akkordbrechung ... 80
- *House of the Rising Sun* ... 81
- *Secret Chords* ... 82
- *Let's Be Creative* ... 84
- *Memories* ... 85

Sus-Akkorde ... 86
- *Stay Together* ... 87

Quinten in der linken Hand ... 88
- *Side by Side* ... 88
- Dynamik ... 89
- *Emotions* ... 90
- *Peace* ... 91
- *Don't Let Go* ... 92
- *Elegy* ... 93

Quinten und Sexten in der linken Hand ... 94
- *Mrs. Sippie* ... 95

Akkorde in der linken Hand ... 96
- *Sailing Away* ... 96
- Achteltriolen ... 96
- *Boulevard* ... 97
- *Swing* ... 97

Oktaven in der linken Hand ... 98
- *Piano Love* ... 98
- *Say It Loud* ... 99

Powerchords in der linken Hand ... 100
- *Bonnie J.* ... 101
- Broken Powerchords ... 102
- *Für Elise* ... 103
- Der 3/8-Takt ... 103
- *Happy Ending* ... 104
- Tonart D-Dur ... 104

Tonartwechsel ... 105
- Daumenuntersatz ... 105

Dur- und Moll-Tonleitern ... 106
- *Exercise #1* ... 106
- Fingerübersatz ... 107
- *Exercise #2* ... 107
- *Exercise #3* ... 107
- *Horizon* ... 108
- *Scarborough Fair* ... 110

3/4-Takt – 6/8-Takt: Wo liegt der Unterschied? ... 111
- *Morning Has Broken* ... 112

Anhang
- Häufig verwendete Akkordfolgen ... 114
- Akkordbrechungen (Patterns) ... 116
- Schöne Symmetrie ... 118
- Lösungen ... 119
- CD-Übersicht ... 120

Sitzhaltung am Klavier

Eine optimale Sitzhaltung wird sich positiv auf dein Klavierspiel auswirken. Daher solltest du einen höhenverstellbaren Klavierhocker oder eine Klavierbank haben.

Sitze aufrecht!

- Dein Rücken ist gerade.
- Schultern und Arme sind locker.
- Die ideale Sitzhöhe hast du, wenn Unterarm und Handrücken beim Spielen eine gerade, in etwa waagerechte Linie bilden.
- Du sitzt im richtigen Abstand zum Klavier, wenn der Winkel zwischen Unter- und Oberarm etwas größer als 90° ist.
- Du solltest nicht die gesamte Sitzfläche deines Klavierhockers benutzen, sondern ein bisschen weiter vorne sitzen.
- Beide Füße stehen parallel zueinander auf dem Boden, parallel zu den Pedalen.

Fingerhaltung

Beim Klavierspielen sind die Finger rund, als wenn man einen Tennisball in der Hand hätte. Wenn du einen Tennisball oder Ähnliches hast, dann probier's doch mal aus:

Leg den Ball auf die Tastatur und deine Hand darauf – so sieht die ideale Fingerhaltung aus.

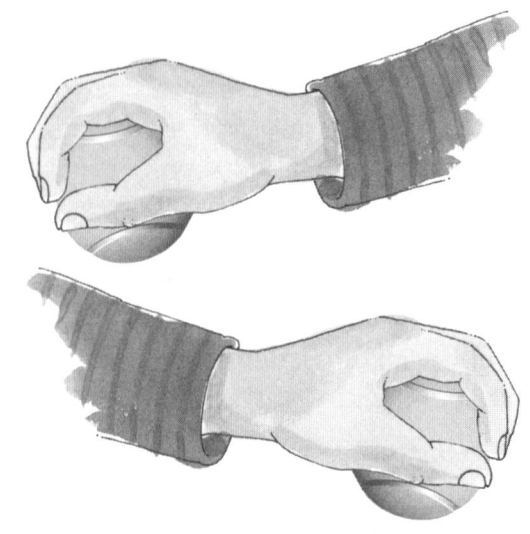

Der Fingersatz

Jedem Finger wird eine Zahl zugeordnet. Diese *Zahlen (Fingersätze)* findet man immer wieder in Klaviernoten. Sie zeigen an, welche Finger benutzt werden sollen.

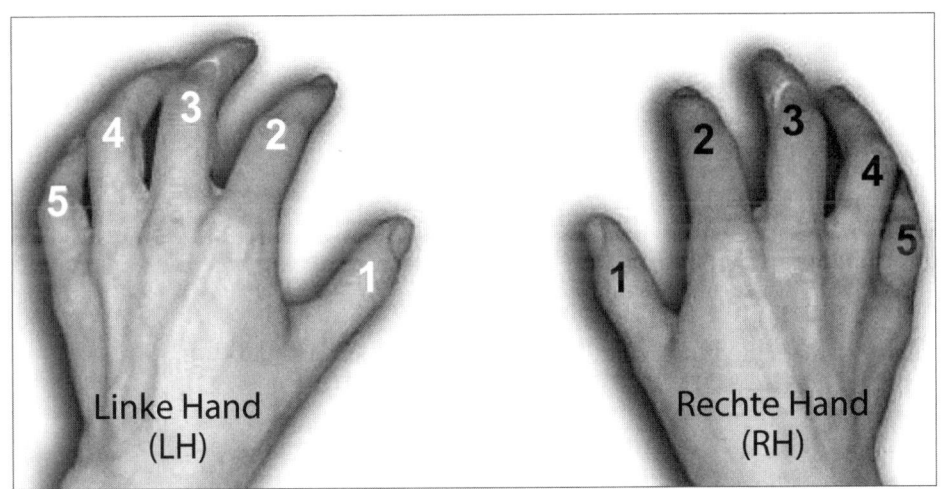

1 = Daumen
2 = Zeigefinger
3 = Mittelfinger
4 = Ringfinger
5 = Kleiner Finger

Die Tastatur

Die Piano-Tastatur besteht in der Regel aus 88 **weißen** und **schwarzen** Tasten. Die untere Abbildung zeigt einen Ausschnitt:

In der „Mitte" befindet sich **c'**, das **„eingestrichene c"** (auch **„c¹"** oder **„Mittel-c"** genannt). Es liegt auf jeder Keyboard- oder Klaviertastatur (ungefähr) in der Mitte.

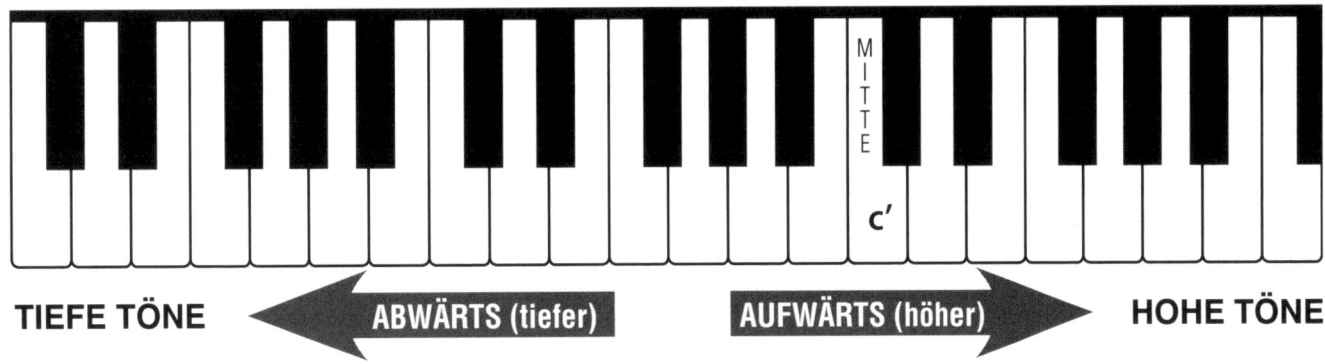

TIEFE TÖNE ← ABWÄRTS (tiefer) AUFWÄRTS (höher) → HOHE TÖNE

Bei *jeder achten weißen Taste* wiederholen sich die Tonbezeichnungen (Buchstaben). Die Reihenfolge der Töne ist immer gleich:

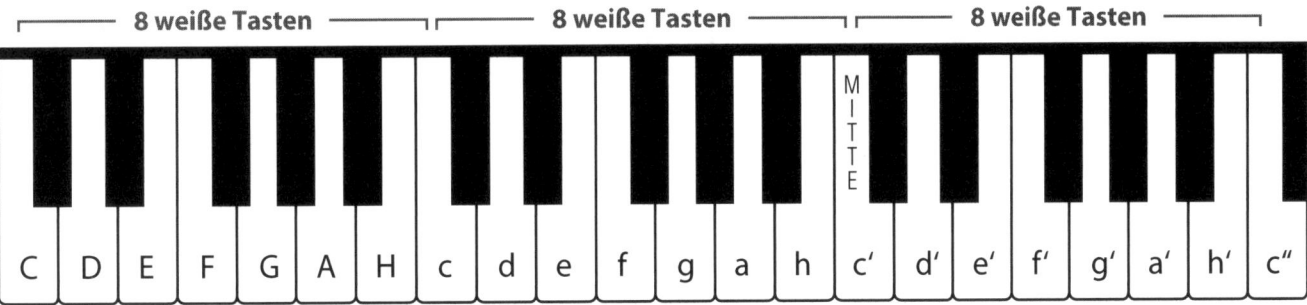

Der Fingersatz

Wie finde ich mich auf der Tastatur zurecht?

Die Positionen einzelner Töne auf der Tastatur kannst du anhand der schwarzen Tasten leicht erkennen.

Das **C** liegt immer LINKS neben der schwarzen ZWEIERGRUPPE.

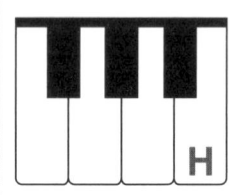

Das **H** liegt immer RECHTS neben der schwarzen DREIERGRUPPE.

Das **D** liegt immer ZWISCHEN den schwarzen Tasten der ZWEIERGRUPPE.

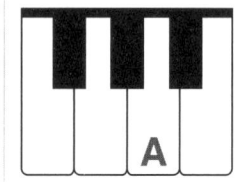

Das **A** liegt immer ZWISCHEN der 2. und 3. Taste der schwarzen DREIERGRUPPE.

Das **E** liegt immer RECHTS neben der schwarzen ZWEIERGRUPPE.

Oktaven

Die Tastatur unterteilt sich in mehrere Oktaven [*lat.: octava = „die Achte"*]. Da *jede achte Taste* den gleichen „Buchstaben" trägt, müssen wir wissen, zu welcher Oktave ein Ton gehört. Erst dann kennen wir die exakte Position des Tons auf der Tastatur. Deshalb werden die Töne der großen Oktave mit *Großbuchstaben* dargestellt, die Töne der kleinen Oktave mit *Kleinbuchstaben*. Die Töne der *eingestrichenen* Oktave haben einen Strich usw.

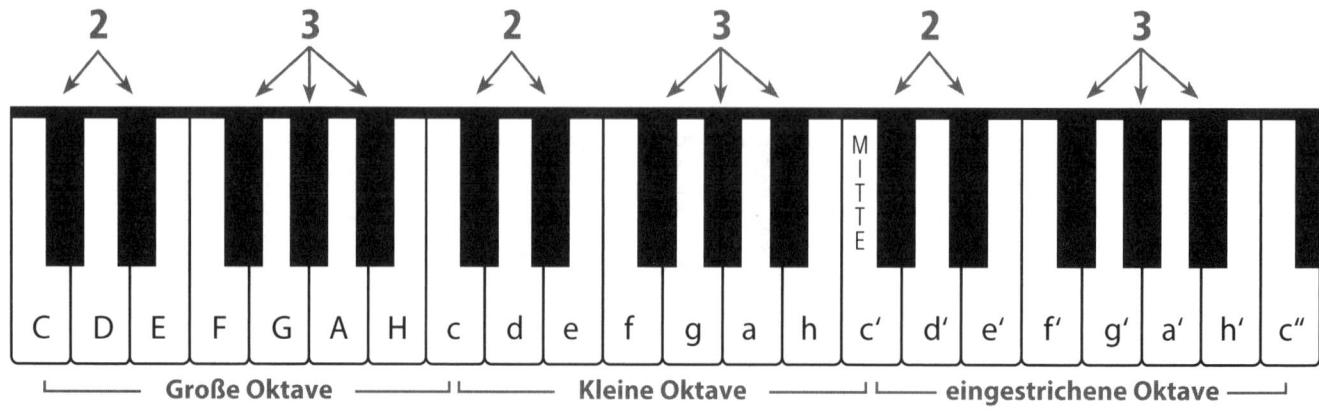

Pop Piano School

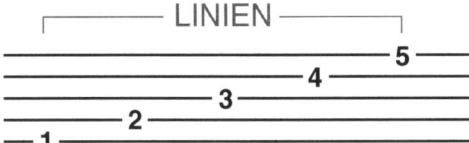

Das Notensystem

Musik wird in einem SYSTEM aus 5 Linien und 4 Zwischenräumen notiert:

Einige Noten werden auf die
LINIEN gesetzt:

NOTEN AUF DER LINIE

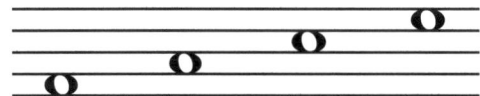

Andere Noten werden in die
ZWISCHENRÄUME gesetzt:

NOTEN IM ZWISCHENRAUM

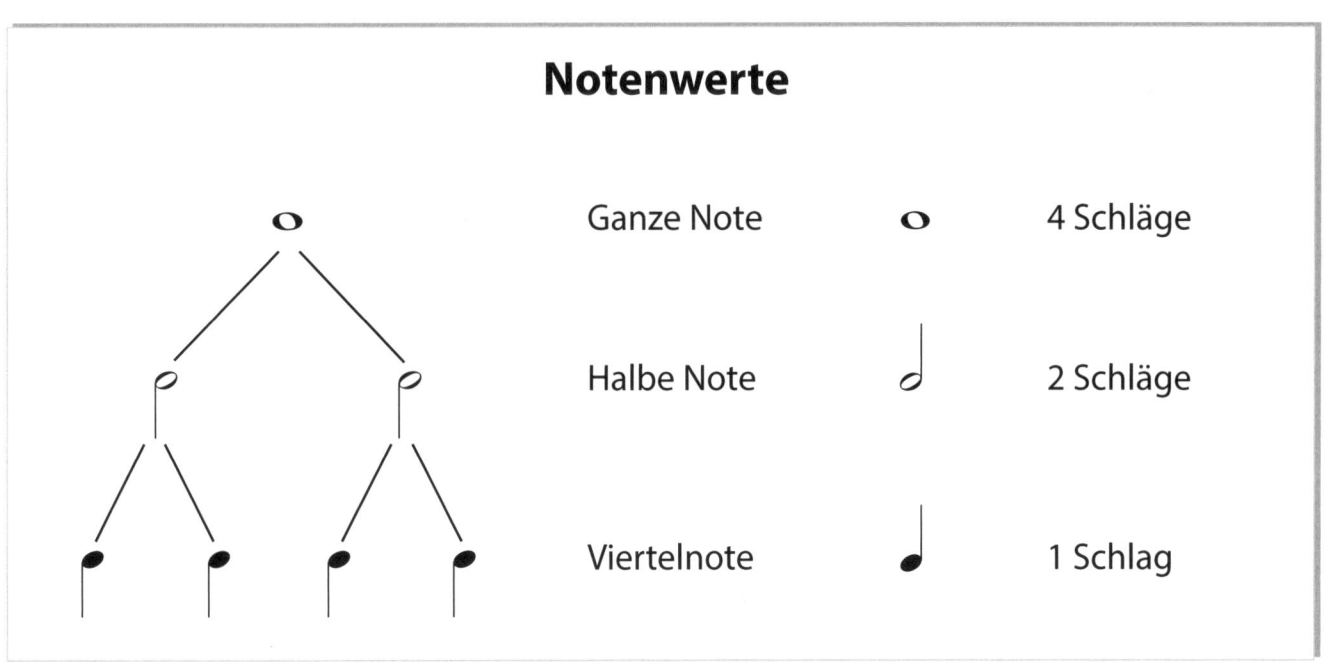

Noten können unterschiedliche **Notenwerte** haben. Der Notenwert bestimmt die **Dauer** einer Note. Den Notenwert erkennt man z. B. an der Farbe des Notenkopfes (**schwarz** oder **weiß**) oder am **Notenhals**. So hat z. B. die *ganze Note* im Gegensatz zu den anderen keinen Hals.

Schläge sind die Maßeinheit für die Dauer von Noten. Eine *ganze Note* z. B. ist vier Schläge lang, klingt also so lang, als wenn man vier Mal in die Hände klatschen oder bis vier zählen würde.

Die Dauer eines Schlages hängt vom **Tempo** des jeweiligen Musikstücks ab. Das zugrunde liegende Tempo ist also maßgeblich dafür, wie schnell man zählt.

Das Notensystem

Put Your Hands on Your Keys!

Lege die *rechte Hand* so auf die Tastatur, dass der *Daumen* (1) auf dem **eingestrichenen c'** (**Mittel-C**) liegt. Die *restlichen Finger* liegen auf den Tasten **d' bis g'**.

Platziere die *linke Hand* so, dass der *Daumen* auf dem **kleinen c** (eine Oktave links vom Mittel-C) liegt. Die *restlichen Finger* der linken Hand liegen auf den Tasten **H bis F**.

Beide Hände liegen in der richtigen Startposition, wenn jeder Finger jeweils auf einer weißen Taste liegt.

Wichtig: Beim Spielen sind die *Finger rund*, so dass nur die *Fingerkuppen* die Tasten berühren (*Tennisball, S. 6*)!

Wir werden von Anfang an *beide Hände* einsetzen. Aber keine Angst! Wir fangen ganz entspannt an:

Wir werden zunächst *nur drei Finger* von jeder Hand einsetzen:

Daumen (1), *Zeigefinger* (2) und *Mittelfinger* (3) (Aller guten Dinge sind drei ... ☺)

D. h. wir verwenden zu Beginn nur die Tasten **c', d', e'** bzw. **c, H, A**. Das müsste zu schaffen sein, oder?

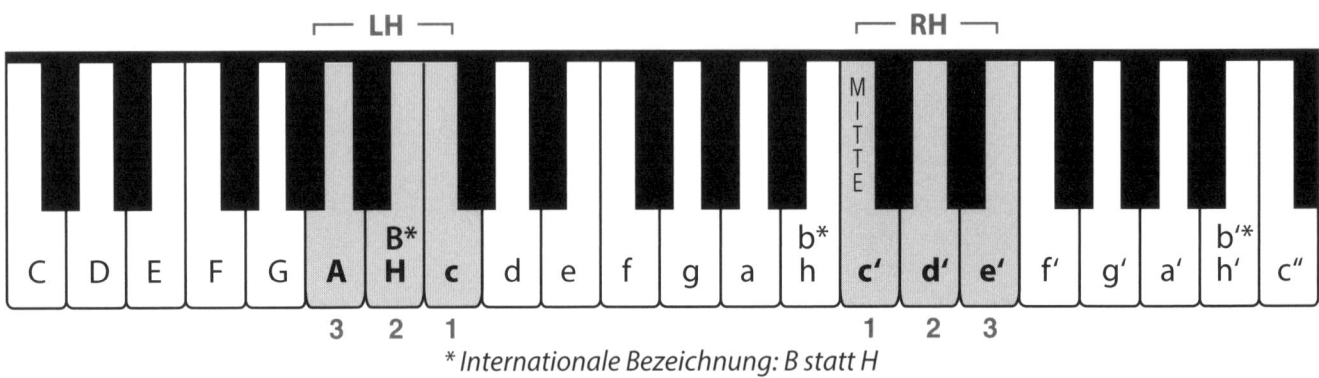

*Internationale Bezeichnung: B statt H

Das Klaviersystem

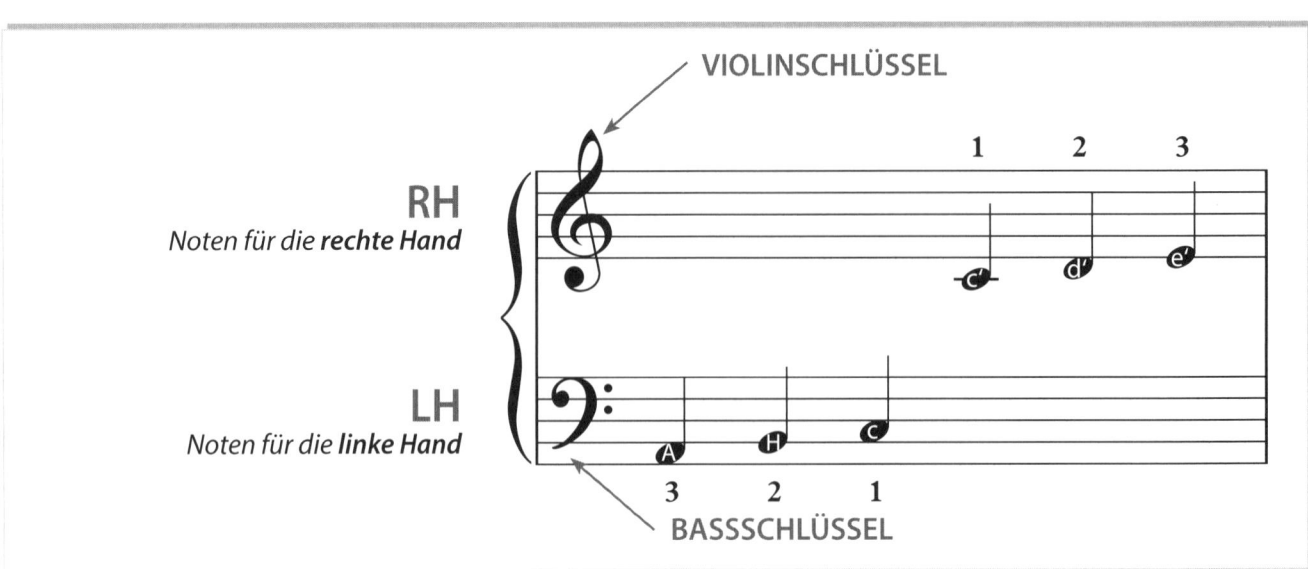

10 Pop Piano School

Get Started!

Florian Tekale

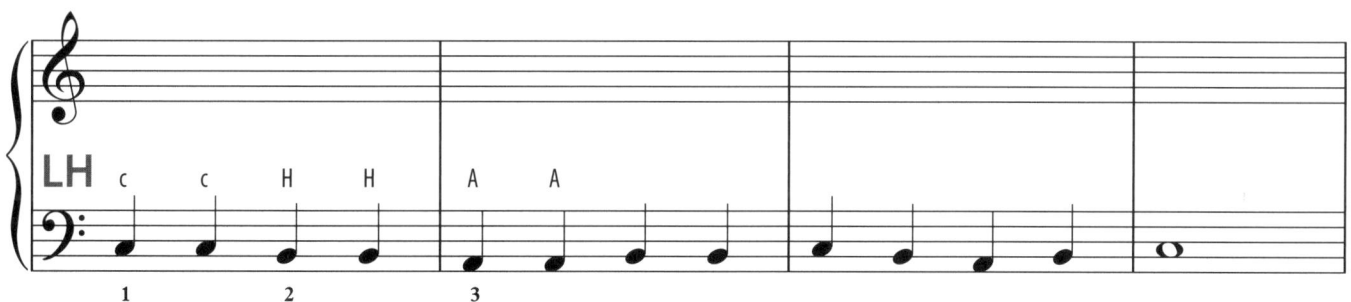

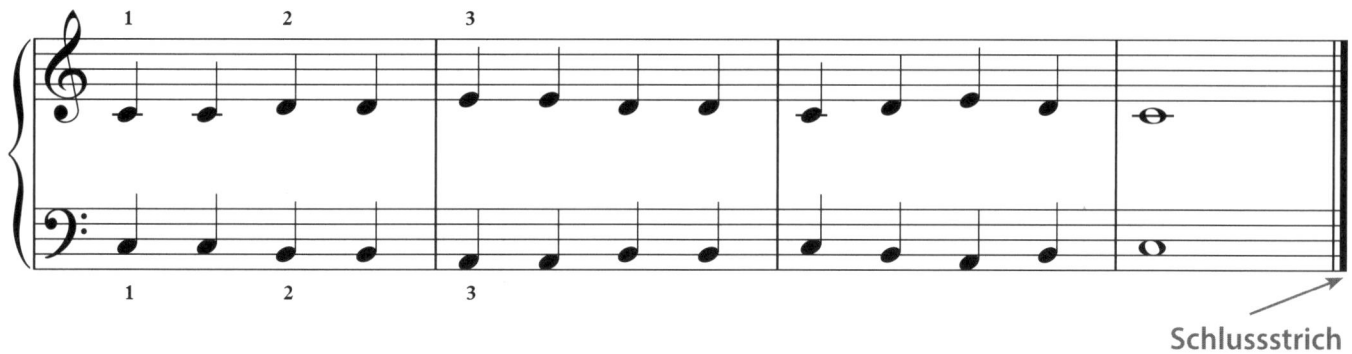

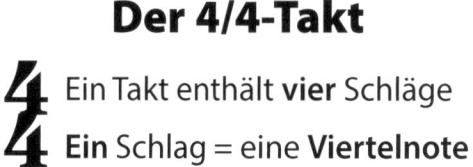

Beidhändiges Spiel

Noten, die senkrecht *übereinander* stehen, werden *gleichzeitig* angeschlagen (*siehe letzte Notenzeile*).

Der 4/4-Takt

Ein Takt enthält **vier** Schläge

Ein Schlag = eine **Viertelnote**

Get Started!

Find the Keys!

Florian Tekale

Wiederholungszeichen

Wiederhole von vorne!

Get 2gether
Florian Tekale

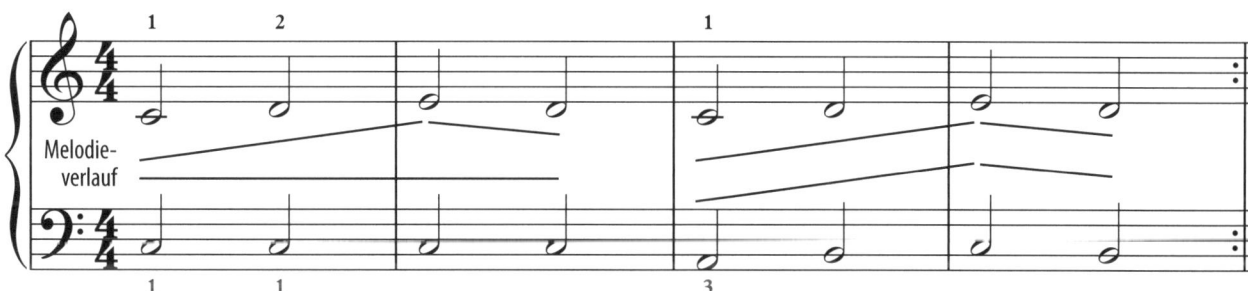

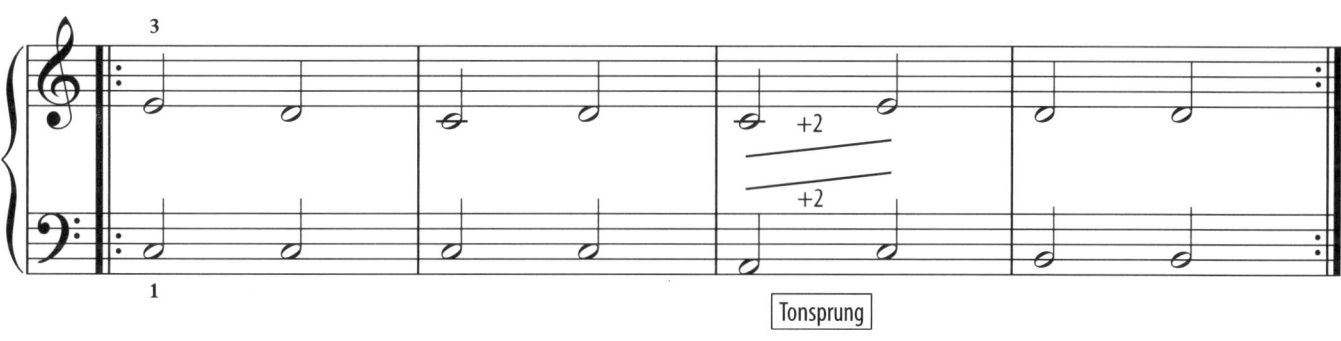

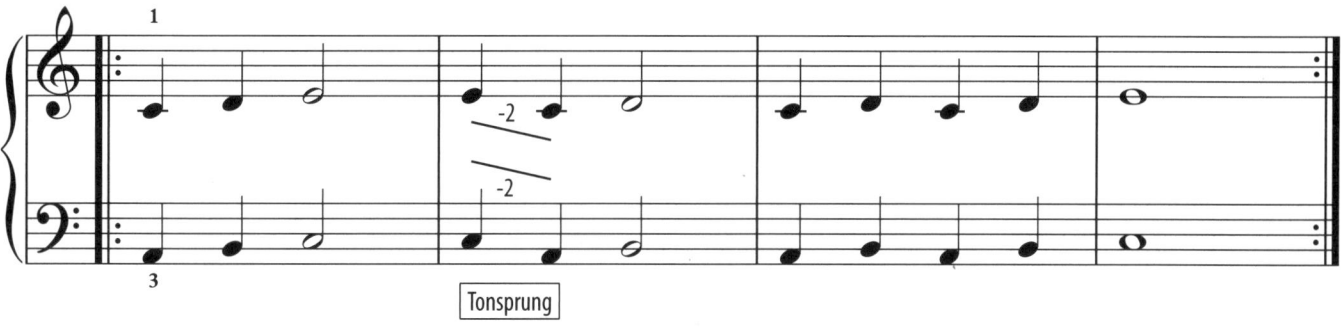

Wie man übt, vom Blatt zu spielen ...

- Bevor du zu spielen beginnst, schaust du dir den Melodieverlauf in beiden Händen an.
- Wenn du ein neues Stück lernst, kannst du anfangs auch die Hände einzeln spielen.
- Achte beim Spielen auf den Melodieverlauf: Geht die Melodie aufwärts oder abwärts?
- Achte auf Tonsprünge! Die Melodie kann auch zwei (oder mehr) Schritte nach oben oder unten gehen.
- Übe jeden Tag, vom Blatt zu spielen! Es wird dir bald leichterfallen ...

Get Started!

Speed Up
Florian Tekale

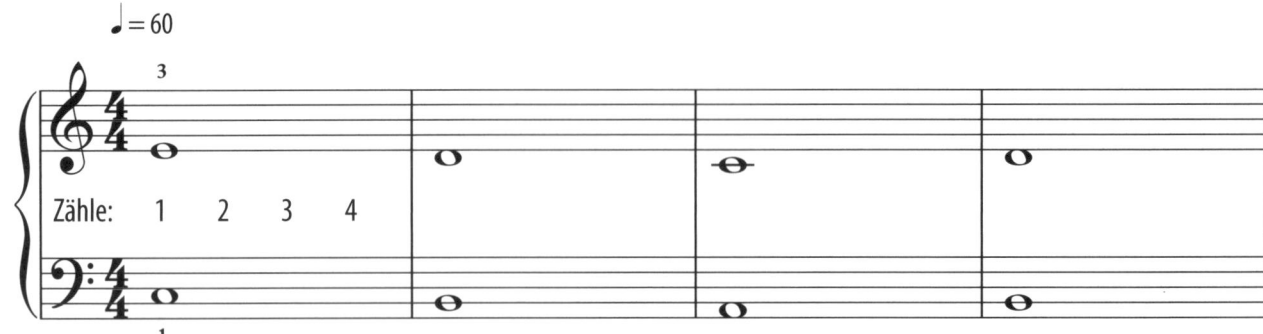

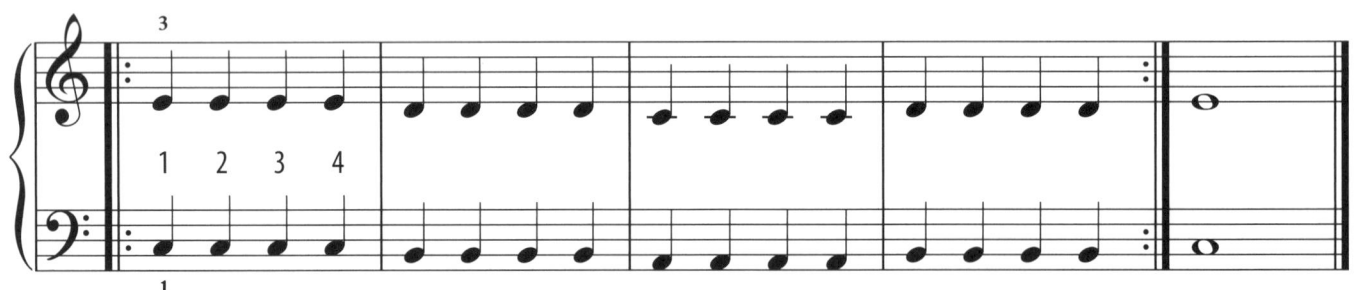

Üben mit Metronom

- *Das empfohlene Tempo für die Viertelnoten ist 60 Schläge pro Minute: ♩ = 60*
- *Höre beim Spielen aufs Metronom.*
- *Achte darauf, dass dein Tastenanschlag mit dem Metronomschlag zusammenfällt.*

Pop Piano School

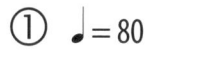

Verschiedene Rhythmen in beiden Händen

① ♩ = 80

②

③

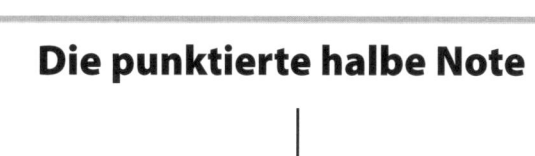

Die punktierte halbe Note

Eine **punktierte halbe Note** ist **drei** Schläge lang.

④

Get Started!

g' – ein neuer Ton für die rechte Hand

Hier kommt das erste einfache Lied:
Merrily We Roll Along. Die Melodie besteht hauptsächlich aus drei Tönen. Zusätzlich brauchen wir die Taste **g'**.

Das **G** liegt immer ZWISCHEN der 1. und 2. Taste der schwarzen DREIERGRUPPE.

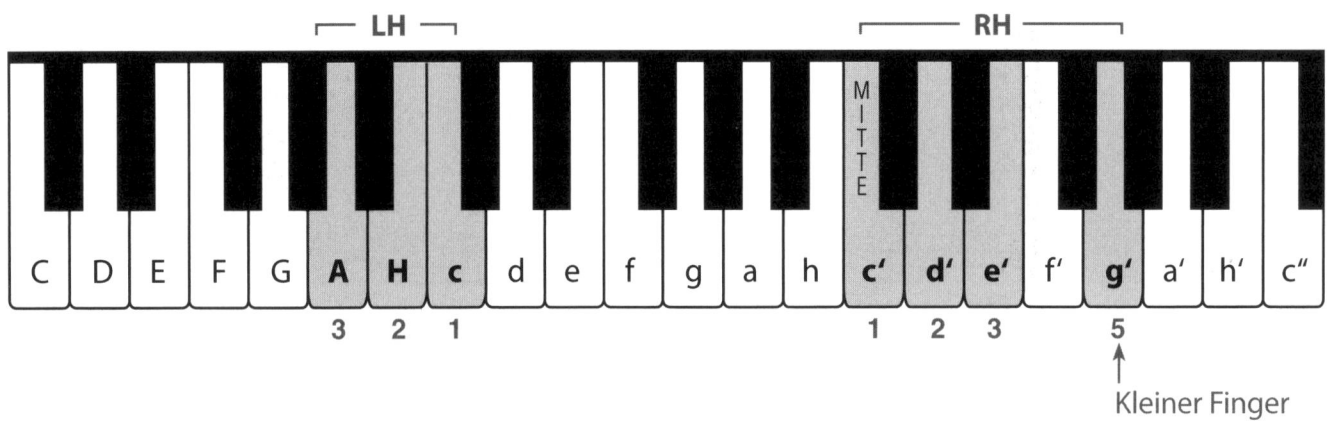

Merrily We Roll Along
Traditional
Klavierbearbeitung: Florian Tekale

Pop Piano School

Spielen im Fünftonraum

Take 5 ... heißt das Motto der folgenden Übungen: Nach den Aufwärmübungen mit je drei Fingern pro Hand (von *Merrily We Roll Along* mal abgesehen) spielen wir von jetzt an mit allen Fingern. Jede Hand umfasst einen Fünftonraum (*siehe Abbildung unten*). Dabei dürfen die Finger ihre jeweilige Position (Taste) niemals verlassen!

Das **F** liegt immer LINKS neben der schwarzen DREIERGRUPPE.

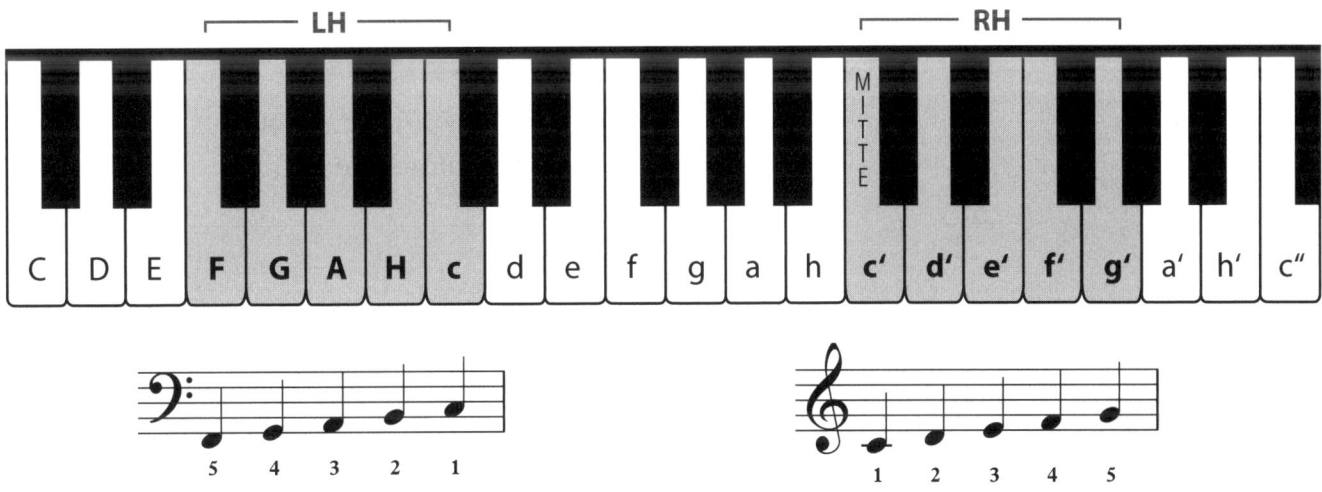

①

Die ganze Pause

Eine *ganze Pause* ist so lang wie eine *ganze Note*.

②

Spielen im Fünftonraum

③

Die halbe Pause

Eine *halbe Pause* ist so lang wie eine *halbe Note* (𝅗𝅥).

Bells
Florian Tekale

Der Haltebogen

Der Haltebogen verbindet Noten *gleicher* Tonhöhe zu *einer* langen Note.
Die Notenwerte der verbundenen Noten werden addiert.
Die entsprechende Taste wird nur einmal angeschlagen.

Pop Piano School

Pedalspiel 1

*Du kannst **Bells** mit durchgängig gedrücktem **Haltepedal** spielen. Das Haltepedal ist das rechte Pedal am Klavier. Probier's einfach aus: **Pedal nach unten treten – losspielen – Pedal wieder lösen**, wenn du zu Ende gespielt hast.*

*Das Haltepedal wird mit dem **rechten Fuß** betätigt. Wichtig ist, dass die Ferse immer Kontakt zum Boden behält, während der vordere Teil des Fußes (Fußballen) das Pedal drückt oder löst.*

*Bei **Bells** kann das Haltepedal die ganze Zeit gedrückt bleiben. Sogenannte „Pedalwechsel" sind hier noch nicht erforderlich. Sie werden an späterer Stelle in diesem Buch behandelt (vgl. S. 30).*

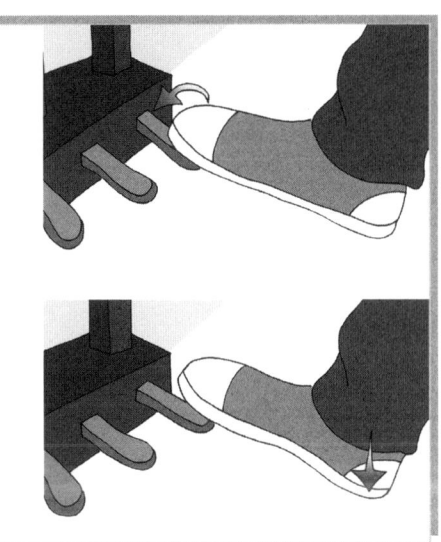

Beidhändiges Spielen im Fünftonraum

④

⑤

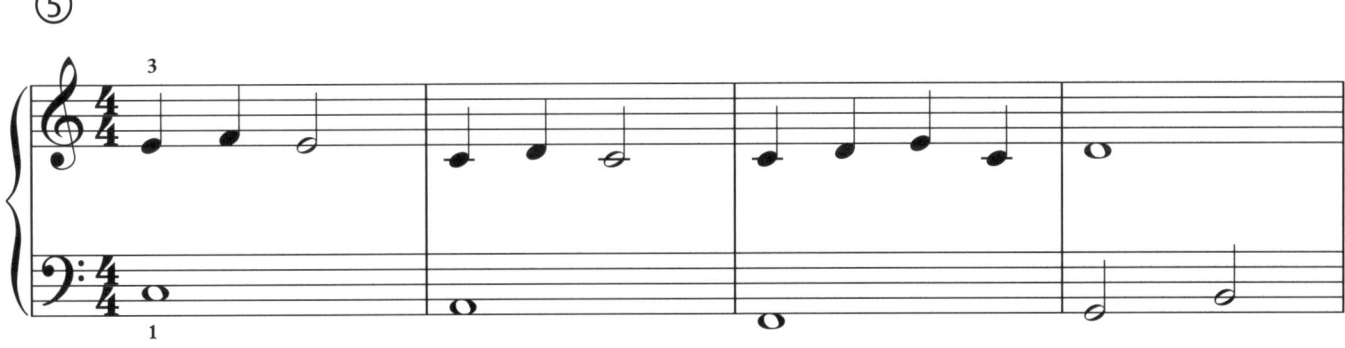

Spielen im Fünftonraum

Daydream

Florian Tekale

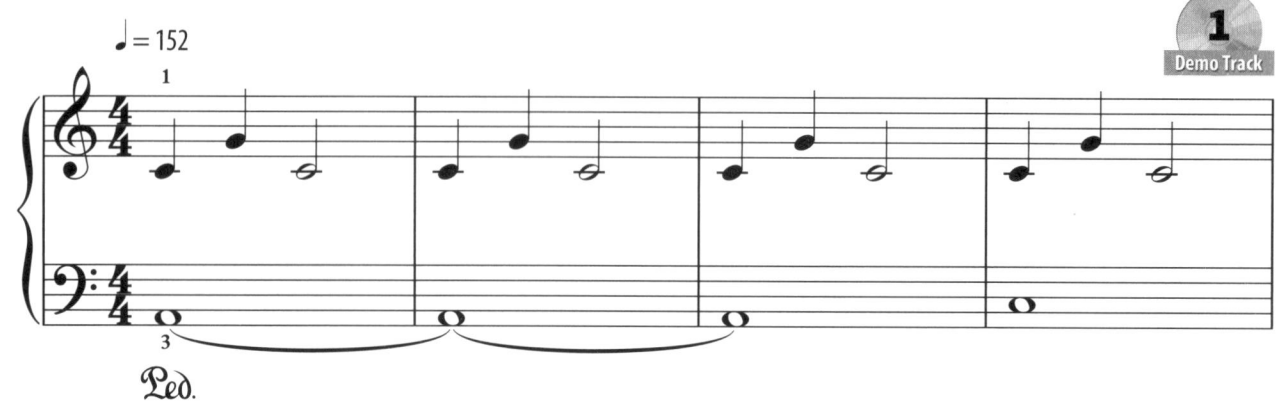

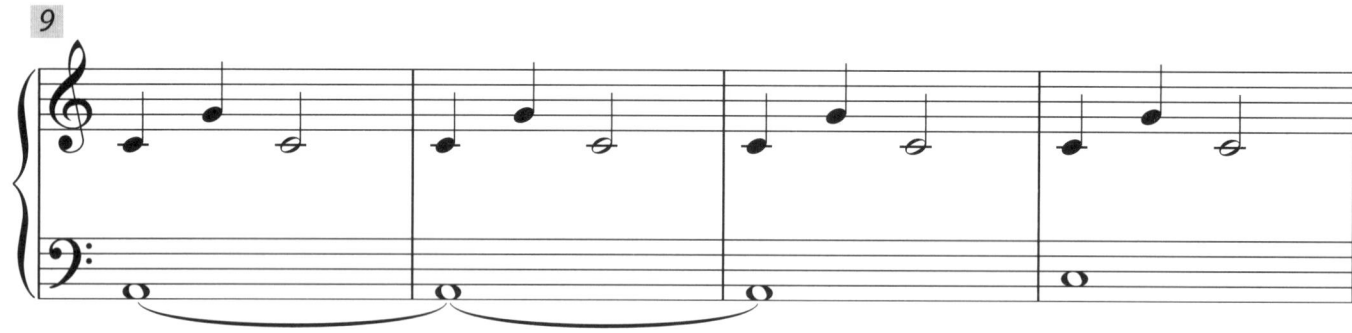

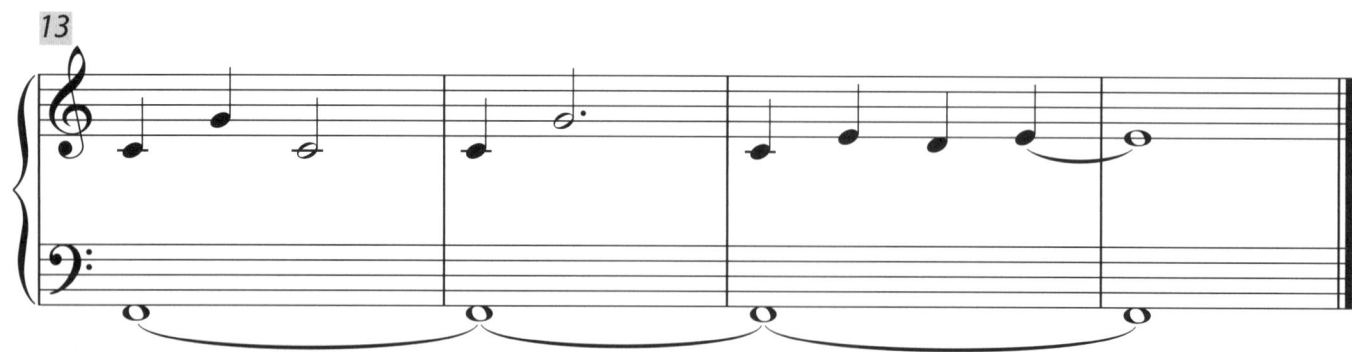

℘ed. = Benutze das Haltepedal.

Das *Pedal* bleibt bei diesem Stück bis zum Ende gedrückt.

Die Taktzahlen

Die *kursiv* gedruckten Zahlen am Anfang jeder Notenzeile zeigen an, im wievielten Takt du dich befindest.

Pop Piano School

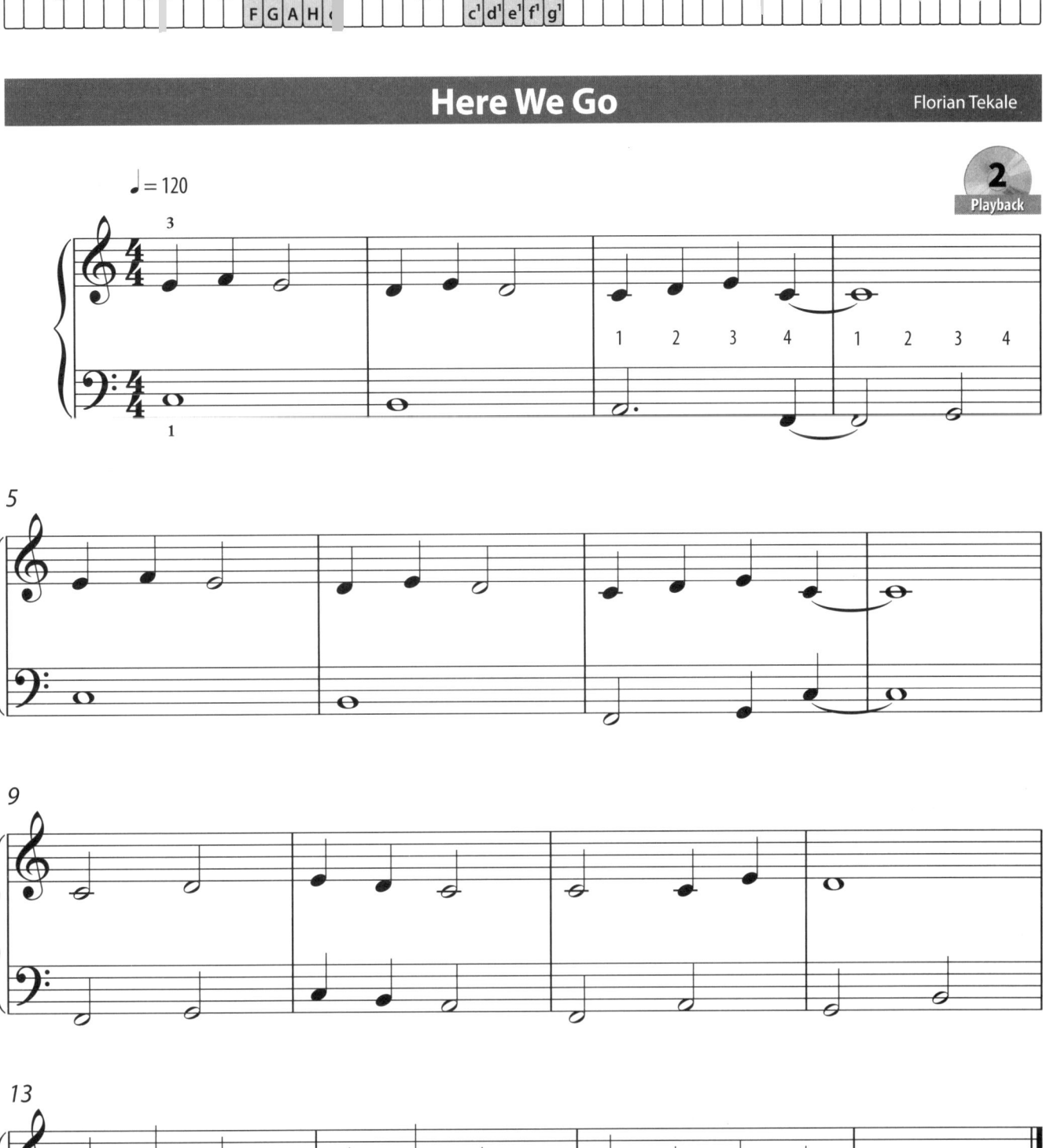

Tipp
*Du kannst **Here We Go** auch üben, indem du zum Playback auf der CD spielst. Auf diese Weise kannst du z.B. auch die Hände einzeln spielen, falls dir das beidhändige Spielen noch zu schwerfällt.*

Spielen im Fünftonraum

Die Art und Weise, wie Tonfolgen auf einem Instrument gespielt werden, nennt man **Artikulation**. *Legato* und *Staccato* sind die häufigsten Anschlagsarten auf dem Klavier.

Staccato – Legato

Florian Tekale

Staccato

[*Ital.: kurz/abgetrennt*]. Ein Punkt *über* oder *unter* einer Note bedeutet, dass der Ton *staccato* gespielt wird: Der Ton wird nur *kurz* angeschlagen.

Legato

[*Ital.: gebunden*]. Noten, die in einem Bindebogen zusammengefasst sind, werden gebunden (legato) gespielt. Dabei wird zwischen den Tönen nicht abgesetzt.

Pop Piano School

Got It!

Florian Tekale

♩ = 152

Die Viertelpause

Eine *Viertelpause* ist so lang wie eine *Viertelnote* (♩).

Spielen im Fünftonraum

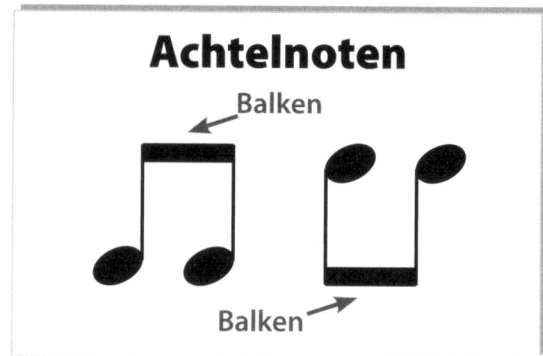

Achtelnoten

Zwei Achtelnoten sind genau so lang wie eine Viertelnote. In einen 4/4-Takt passen *acht* Achtelnoten.

Wenn ein Stück Achtelnoten enthält, zählst du:

Eins – und, zwei – und, drei – und, vier – und.

Häufig werden Achtelnoten in *Zweiergruppen* oder *Vierergruppen* gespielt und dafür mit einem **Balken** verbunden. Einzelne Achtelnoten sehen so aus:

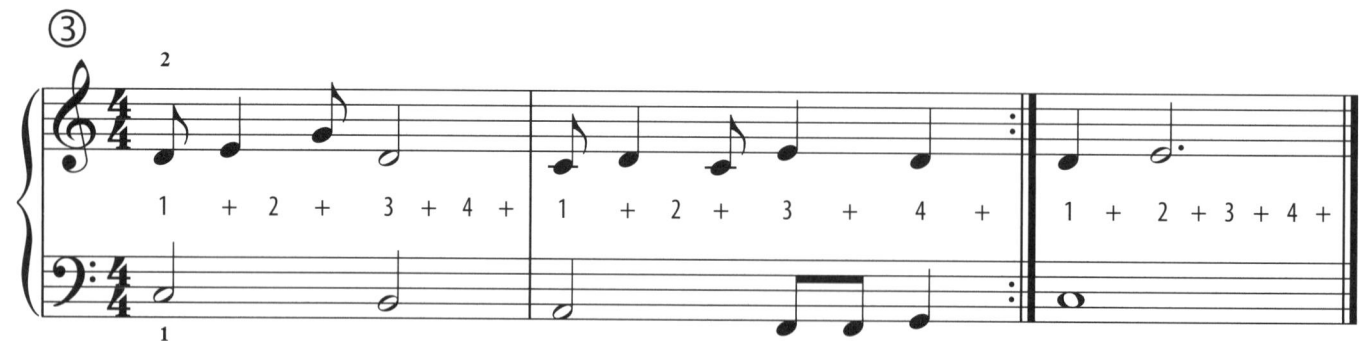

Tipp

Damit sich bei Übung 3 keine rhythmischen Fehler einschleichen, solltest du jeden Takt wie folgt durchzählen: 1 + 2 + 3 + 4 + usw.

Jede Note sitzt auf einer dieser acht Positionen. Mit dieser Zählweise stellst du sicher, dass lange Noten nicht versehentlich zu kurz geraten.

Meditation

Florian Tekale

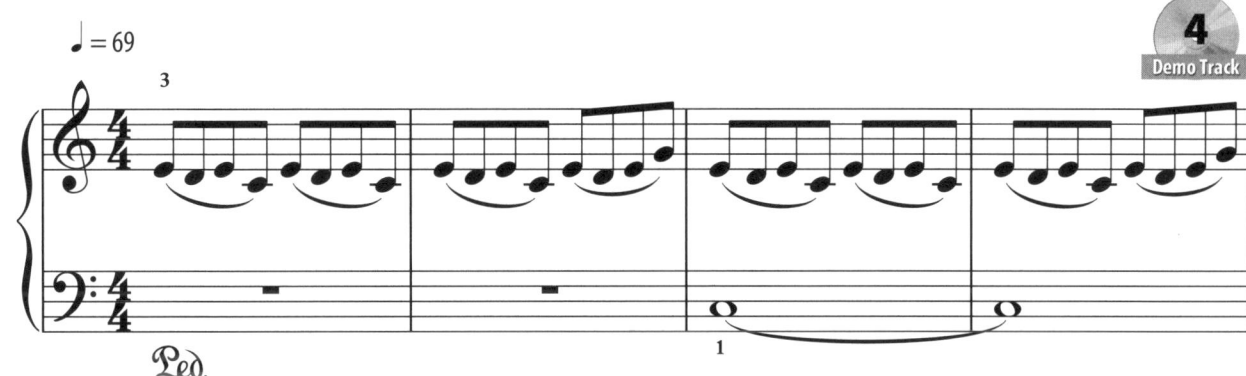

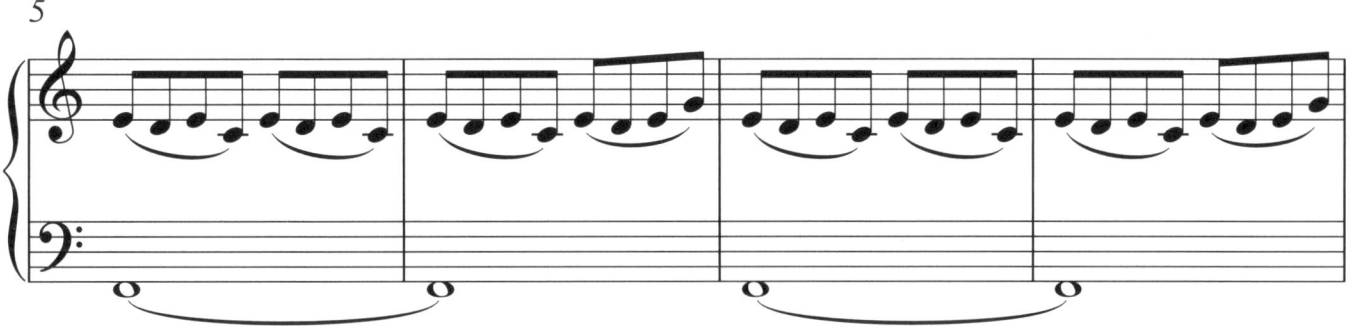

> ***rit.***
>
> *Abkürzung für **ritardando** [ital.: langsamer werdend]*

Pedalspiel 2

Das *Haltepedal* hast du bereits kennengelernt (*vgl. S. 19*). Wichtig: Die Ferse bleibt immer am Boden, dein Knöchel bewegt sich wie ein Scharnier.

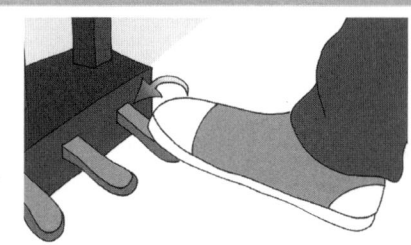

 Halte das Pedal mit dem rechten Fuß gedrückt …

 … beim Sternchen-Zeichen lässt du das Pedal wieder los.

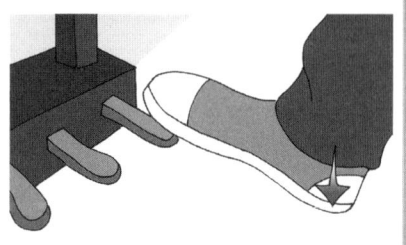

Achtelnoten

Unabhängiges Spiel beider Hände

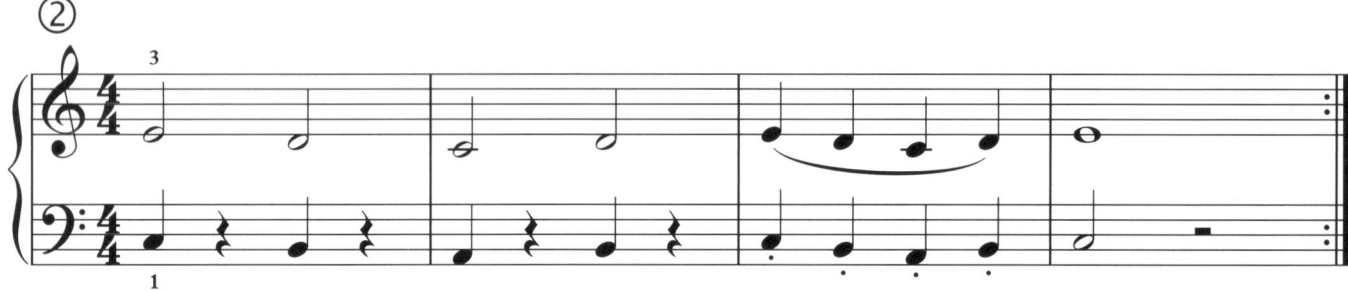

Die Achtelpause

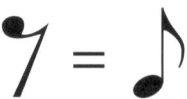

Akzent (>)

Noten mit einem Akzent werden betont, also lauter gespielt als die anderen.

Strolling
Florian Tekale

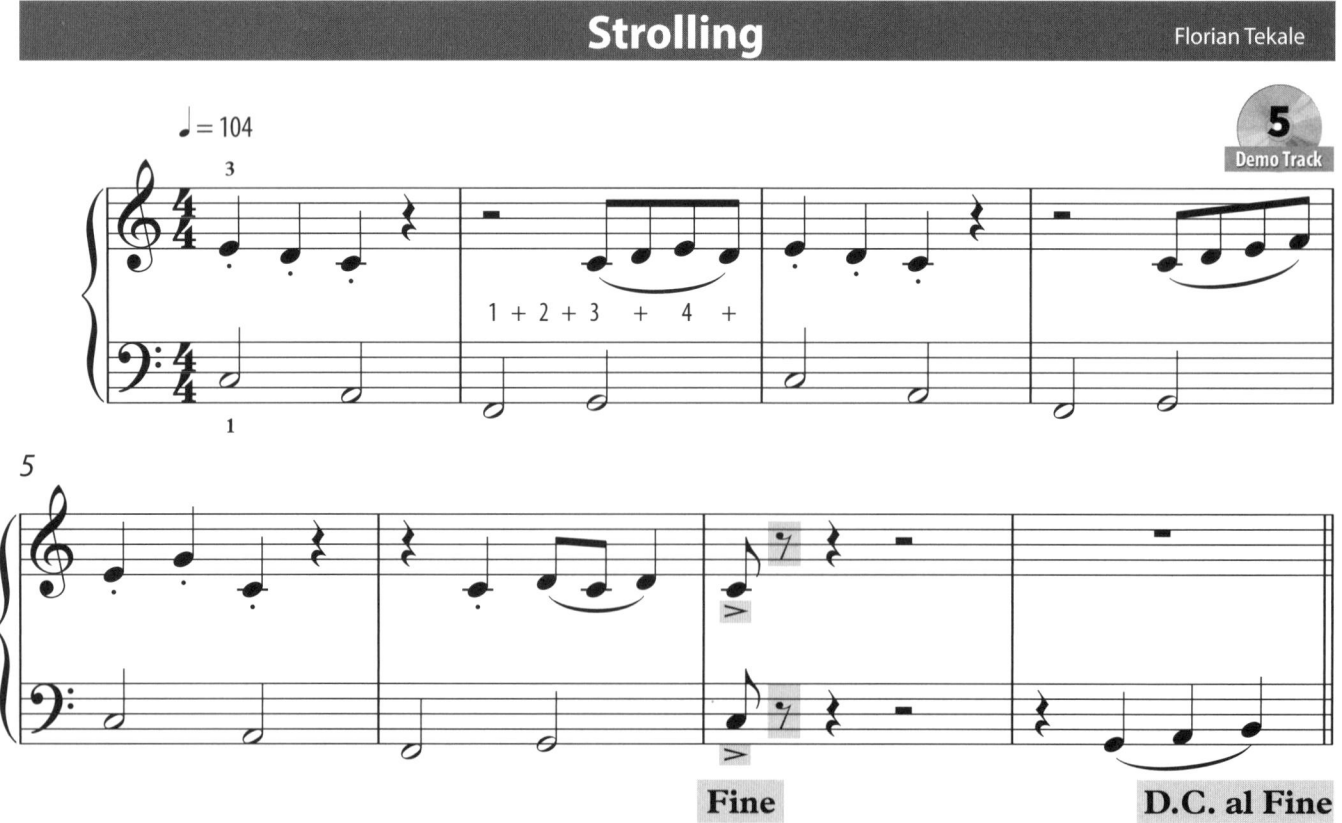

D. C. al Fine = Da Capo al Fine [*ital.: Vom Kopf (Anfang) bis zum Ende*]

The Way We Play
Florian Tekale

Der 6/8-Takt

Beim **6/8-Takt** liegen die Betonungen auf der *ersten* und *vierten* Achtel.

Der 6/8-Takt

6 **Sechs** Schläge je Takt
8 **Ein** Schlag = eine **Achtel**

Die punktierte Viertelnote

Eine **punktierte Viertelnote** ist so lang wie **drei** Achtelschläge.

Sechzehntelnoten

Wenn man Achtelnoten **halbiert**, erhält man **Sechzehntelnoten**.

Joy
Secondo – Lehrerstimme

Florian Tekale

Piano-Duo für Lehrer und Schüler

Das Stück *Joy* kann zusammen mit dem Lehrer (*Secondo*) als Duo gespielt werden. Wenn nur ein Instrument zur Verfügung steht, ist der *Primo*-Part *zwei Oktaven höher* zu spielen!

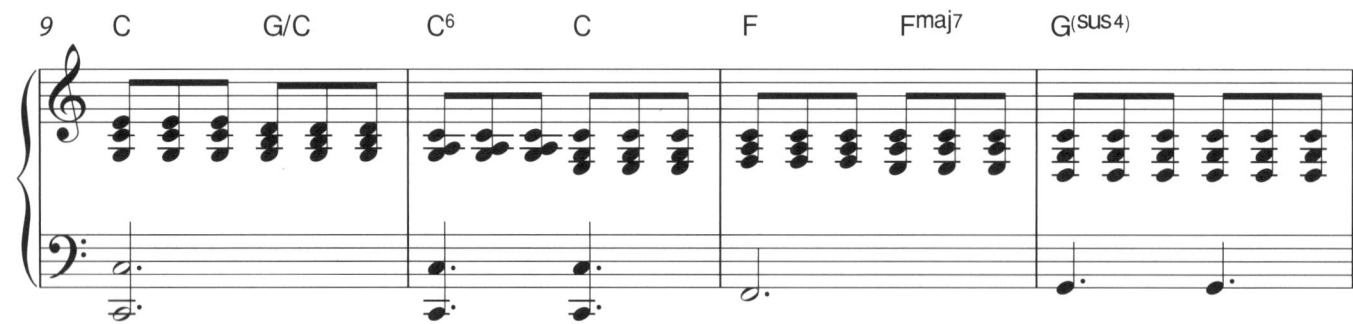

Joy
Primo – Schülerstimme

Florian Tekale

Der 6/8-Takt

Pedalspiel 3

Passagen, in denen das Pedal häufiger gedrückt und gelöst wird, werden wie folgt notiert:

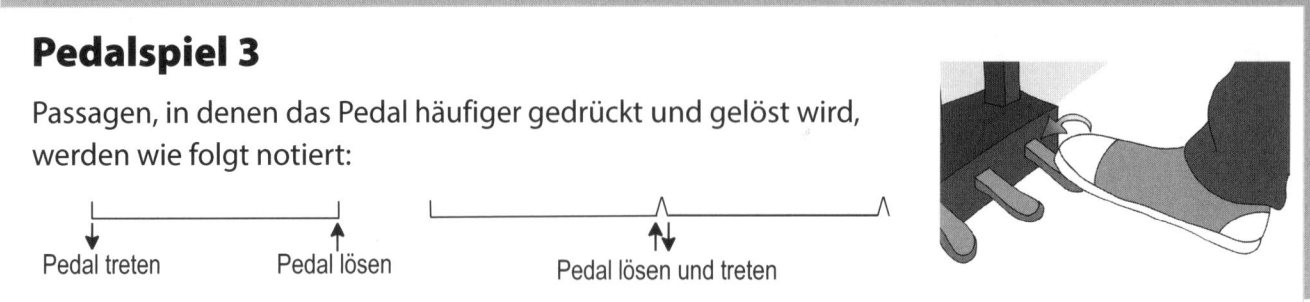

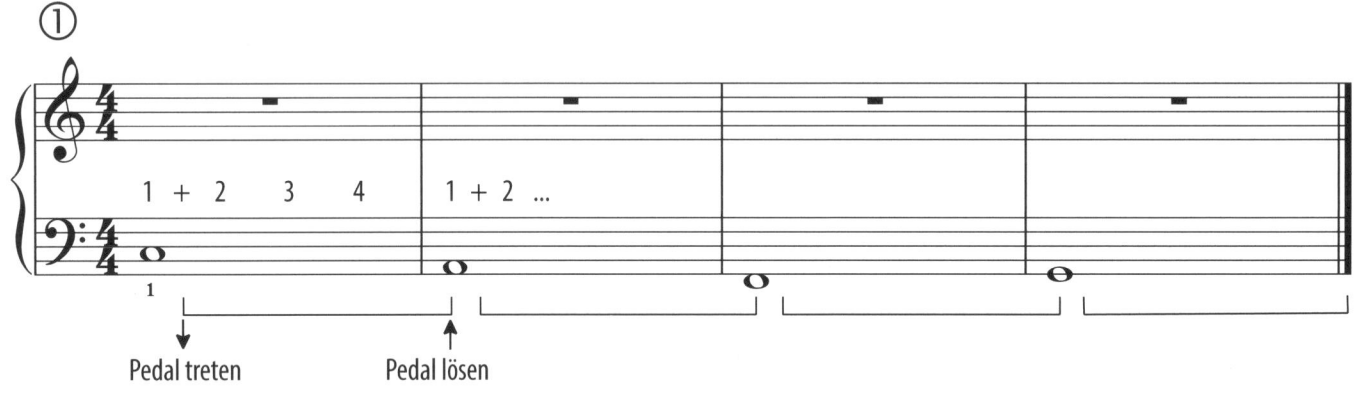

Pedalwechsel

Das Lösen und anschließende Niederdrücken des Haltepedals nennt man **Pedalwechsel**.

Wave

Florian Tekale

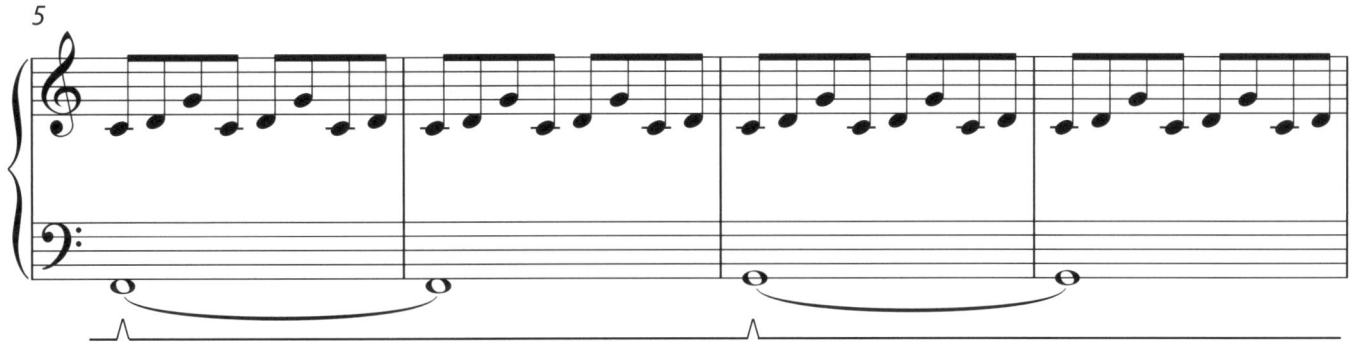
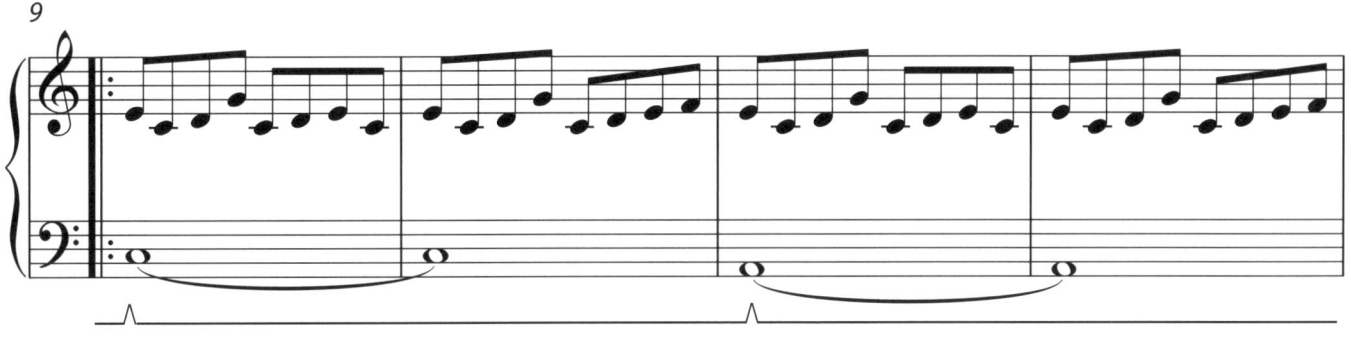
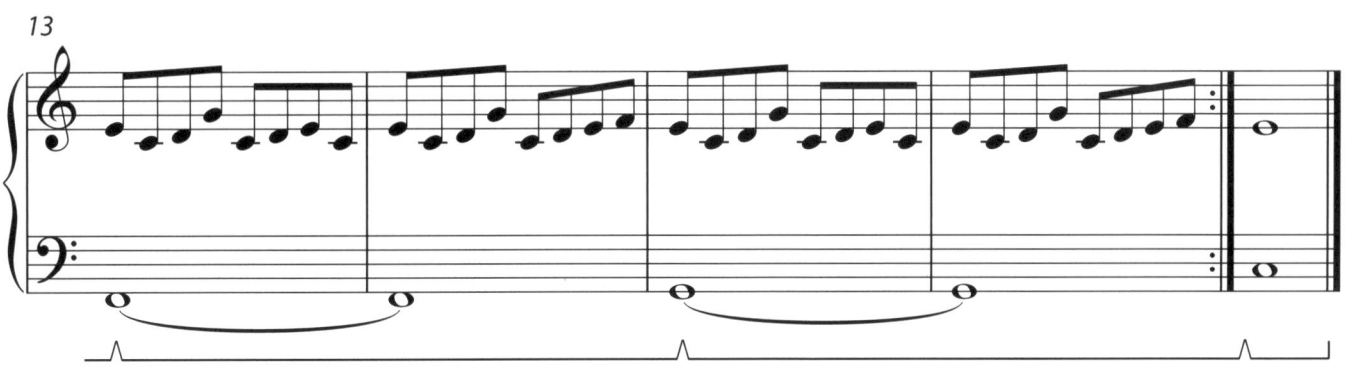

C = 4/4   Das **C** ist ein anderes Zeichen für den **4/4-Takt**.

Pedalspiel

Ein neuer Fünftonraum für die rechte Hand

In den folgenden Übungen ändert sich die Lage der *rechten Hand* ...

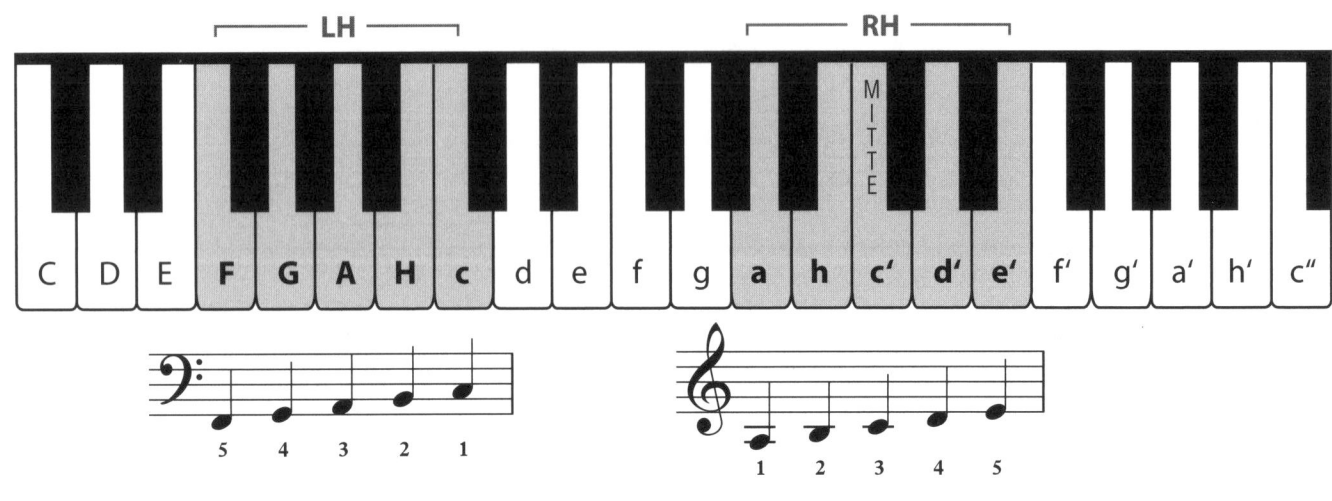

①

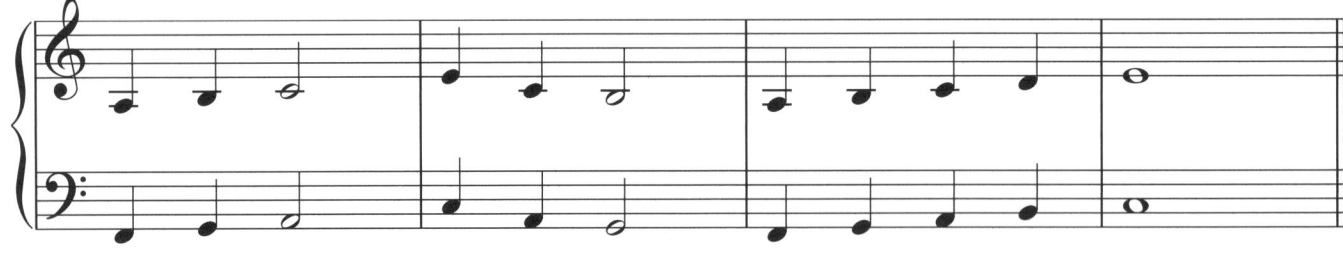

②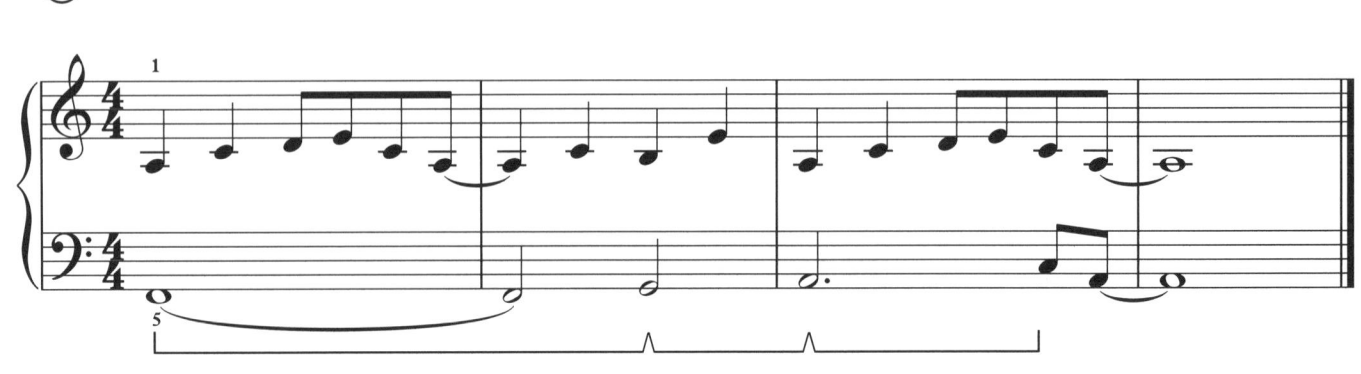

Radio Rock Star
Florian Tekale

Tipp

Einige Stellen – z.B. der Übergang von Takt 1 zu Takt 2 – sind rhythmisch nicht so einfach. Mit der folgenden Übung lernst du, rechte und linke Hand richtig zu koordinieren: Suche dir eine feste Unterlage und klopfe den Rhythmus mit 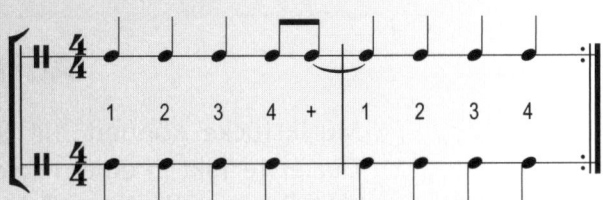 beiden Händen (auf dem Klavierdeckel, auf einem Tisch oder auf deinen Knien). Zähle dabei laut! Du kannst auch ein Metronom benutzen. Wiederhole die Übung, bis du den Rhythmus in verschiedenen Tempi beherrschst.

Ein neuer Fünftonraum für die rechte Hand

Punktierte Rhythmen

Ein Punkt *hinter* dem Notenkopf verlängert die Note um die Hälfte ihres Notenwertes (*vgl. S. 27*). Nicht zu verwechseln mit dem *Staccato-Punkt* unter- oder oberhalb eines Notenkopfes!

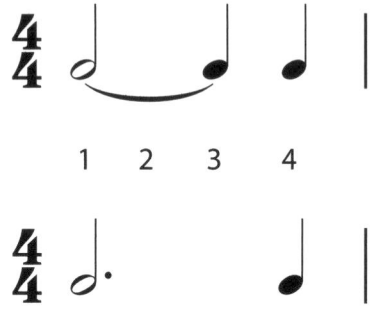

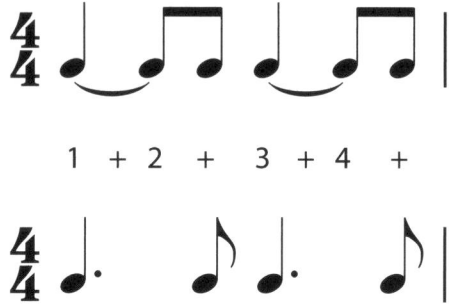

Punktierte halbe Note / Punktierte Viertelnote

Klatsche den Rhythmus

① **Übung mit punktierter Halben**

② **Übung mit punktierter Viertel**

Auftakt

Auftakt

Musikstücke können mit einem AUFTAKT beginnen. Der erste Takt in einem solchen Stück ist dann unvollständig. Auch der letzte Takt ist unvollständig. Setzt man den letzten und den ersten Takt zusammen, ergibt es einen vollständigen Takt.

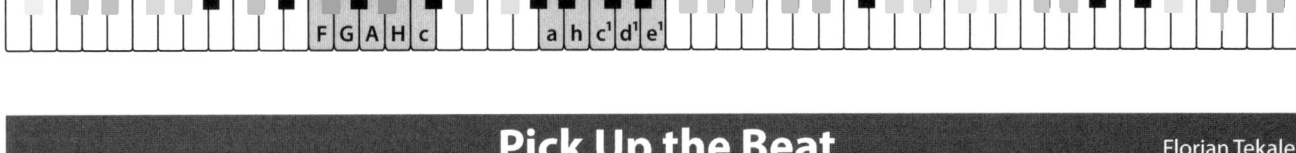

Pick Up the Beat
Florian Tekale

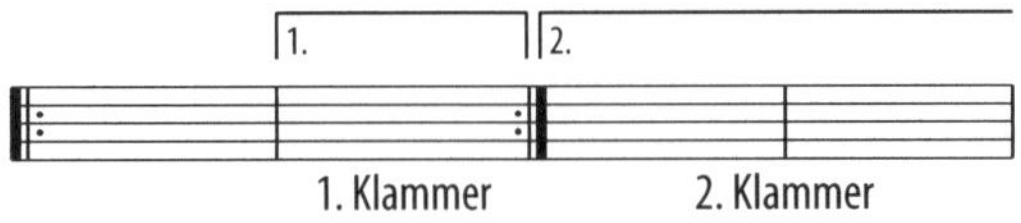

Beim *ersten Durchgang* wird die **1. Klammer** gespielt.
Bei der *Wiederholung* überspringen wir die 1. Klammer und spielen in der **2. Klammer** weiter.

Island Rhythm
Florian Tekale

Tipp
*Den aus der afro-amerikanischen und karibischen Musik stammenden Rhythmus [span.: **Tresillo**] lernst du am einfachsten, wenn du folgenden Text dazu sprichst: „Panama, Panama, Kuba".*

Ein neuer Fünftonraum für die rechte Hand

Neue Lagen für beide Hände

Diesmal ziehen beide Hände um:

LH: Der Daumen rückt zum kleinen a!   **RH:** rückt eine Oktave nach oben zum eingestrichenen a!

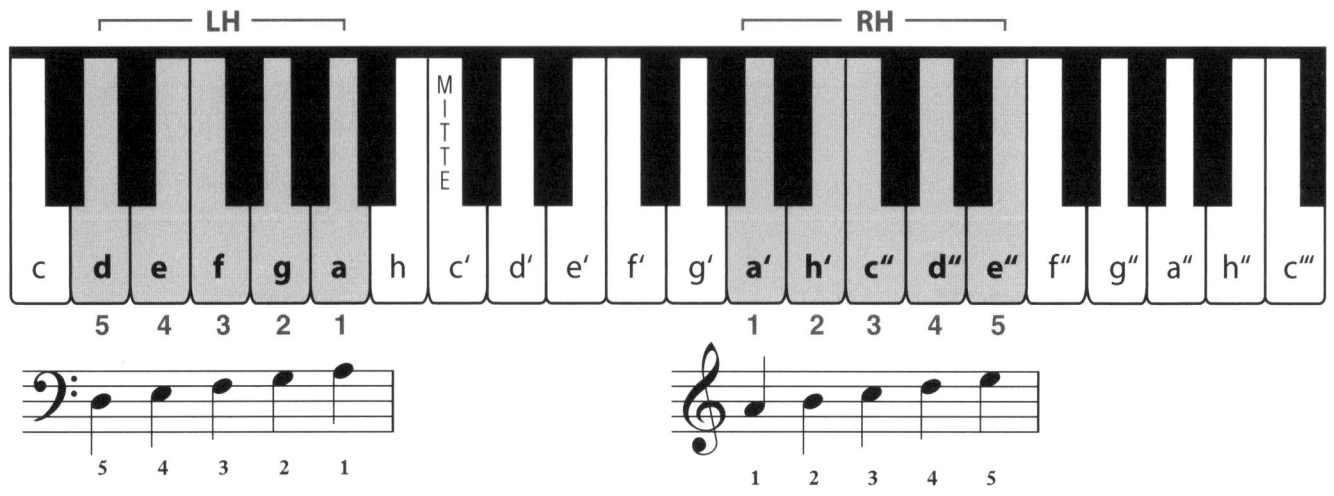

①

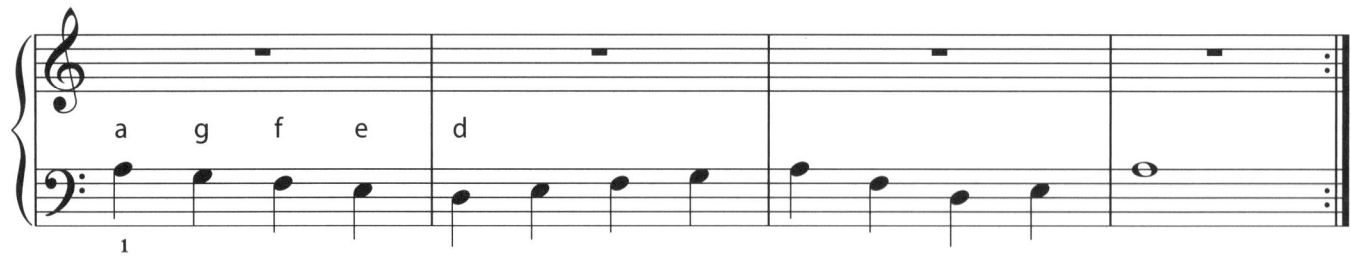

②

Mirrors
Florian Tekale

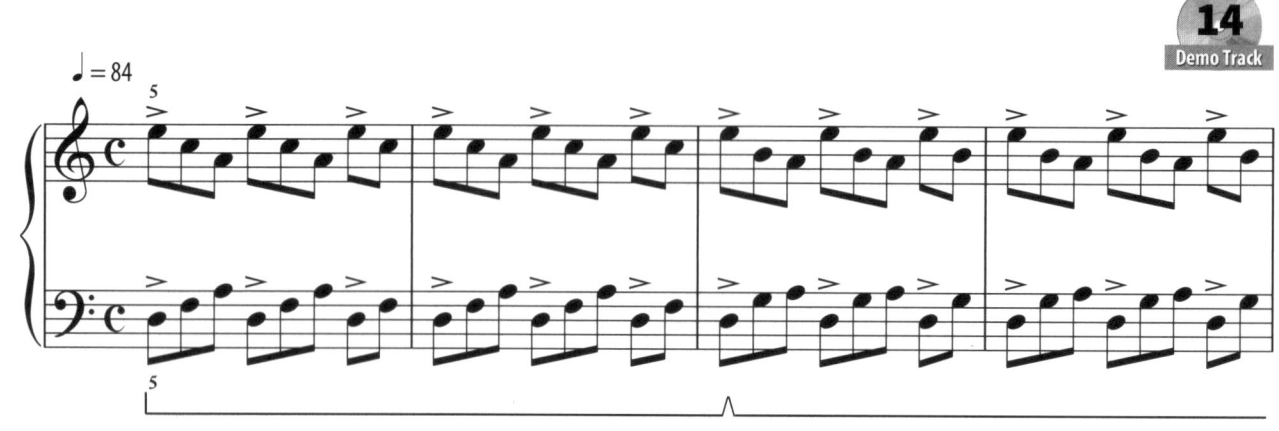
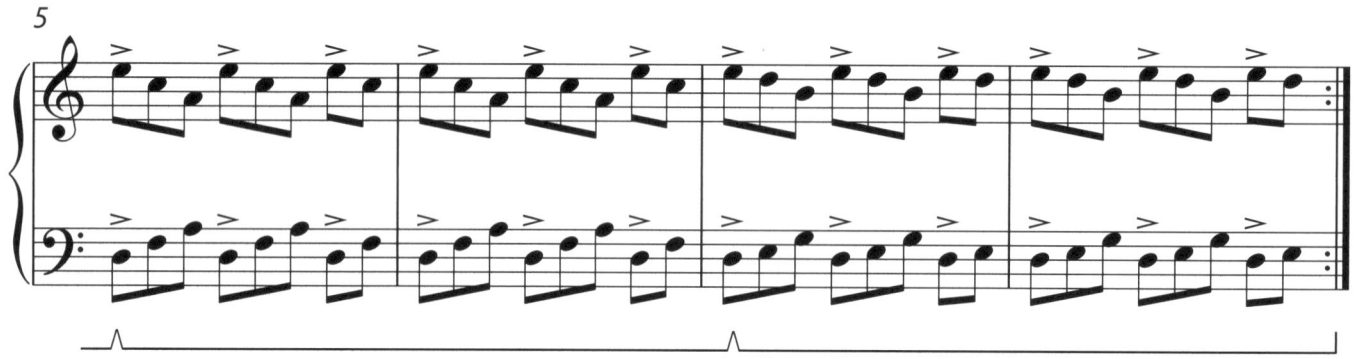

Fermate

Eine mit Fermate gekennzeichnete Note wird länger als ihr Notenwert ausgehalten.

Pop Piano School

Disco Dancer

Florian Tekale

Tipp

Disco Dancer ist für diejenigen, die eine Herausforderung suchen. Aber keine Angst! Auch schnelle Stücke können gemeistert werden, wenn man sie richtig übt. Dazu folgende Tipps:
- Übe das Stück erst langsam, z.B. im halben Tempo (♩ = 100)
- Wenn du das Stück im langsamen Tempo beherrschst, kannst du das Metronom schrittweise schneller einstellen, z.B. auf ♩ = 110, ♩ = 120, ♩ = 130 usw.
- Es empfiehlt sich, das Tempo immer um 10 – 12 bpm zu erhöhen.
  [bpm = engl.: beats per minute = Schläge pro Minute]

Neue Lagen für beide Hände

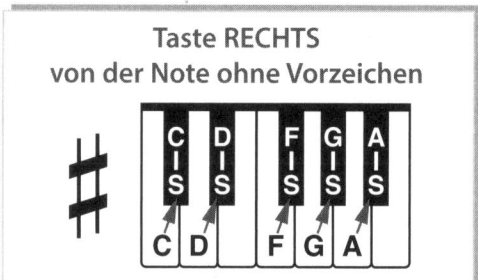

Das Kreuz-Versetzungszeichen ♯

Ein **Kreuz** (♯) vor einer Note **erhöht** diese um **einen halben Ton**.

Der Name einer durch ein Kreuz erhöhten Note endet immer auf „**is**": C♯ = Cis, D♯ = Dis, F♯ = Fis, G♯ = Gis, A♯ = Ais.

Taste RECHTS von der Note ohne Vorzeichen

Regel:
Ein Kreuz-Versetzungszeichen gilt bis zum Ende des Taktes auch für darauffolgende Noten auf gleicher Tonhöhe.

Kreuz-Übung

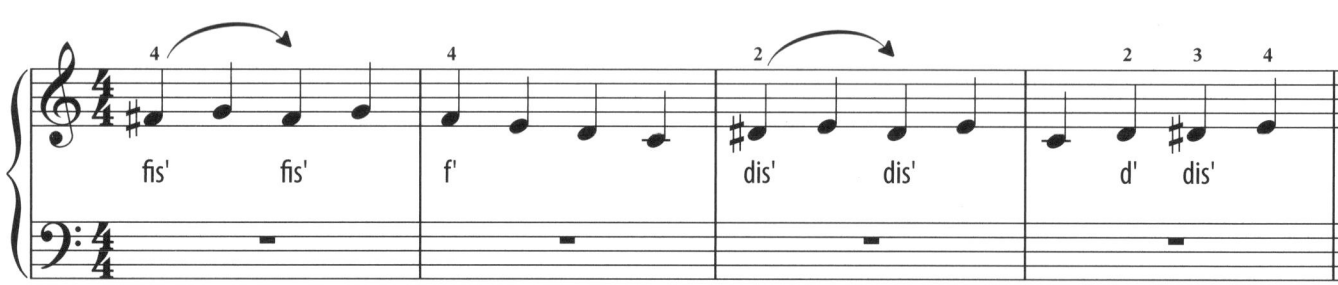

Song for Lydia
Florian Tekale

♩ = 126

16 Demo Track

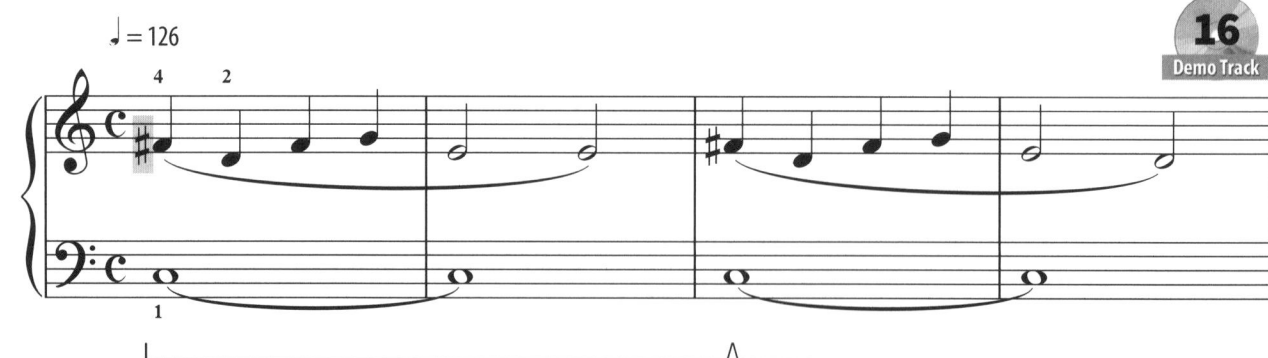

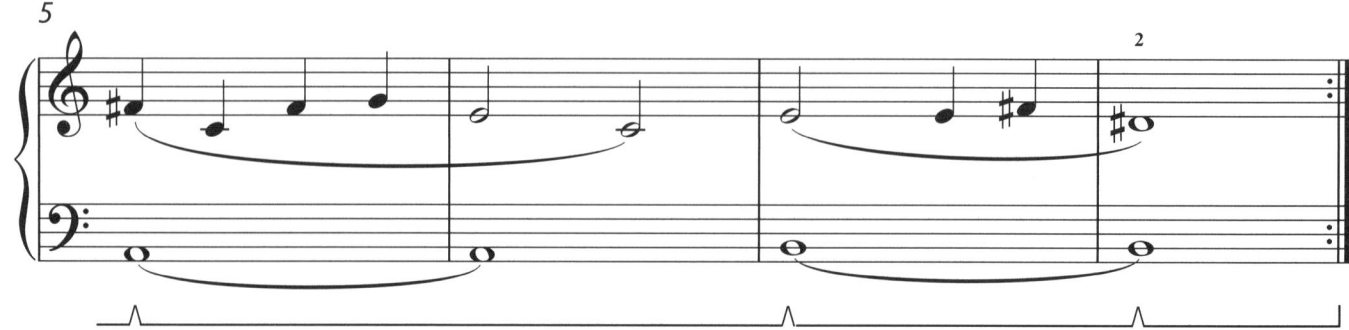

40

Pop Piano School

Stairway
Florian Tekale

Alla-Breve-Takt (Zwei-Halbe-Takt)

Beim **Zwei-Halbe-Takt** werden statt der üblichen Viertelnoten halbe Noten gezählt:

₵ = 2/2   Ein Takt enthält **zwei** Schläge
Ein Schlag = eine **halbe Note**

Latin Dance
Florian Tekale

Versetzungszeichen

Das B-Versetzungszeichen ♭

Ein **Be** (♭) vor einer Note **erniedrigt** diese um **einen halben Ton**.

An den ursprünglichen Notennamen wird **-es** angehängt:

D♭ = Des, G♭ = Ges usw.   *Ausnahmen*:
⚠ E♭ = Es
   A♭ = As
   H♭ = B

Taste LINKS
von der Note ohne Vorzeichen

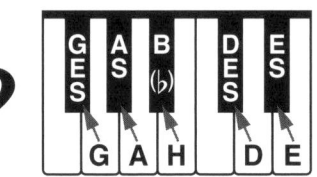

B-Übung

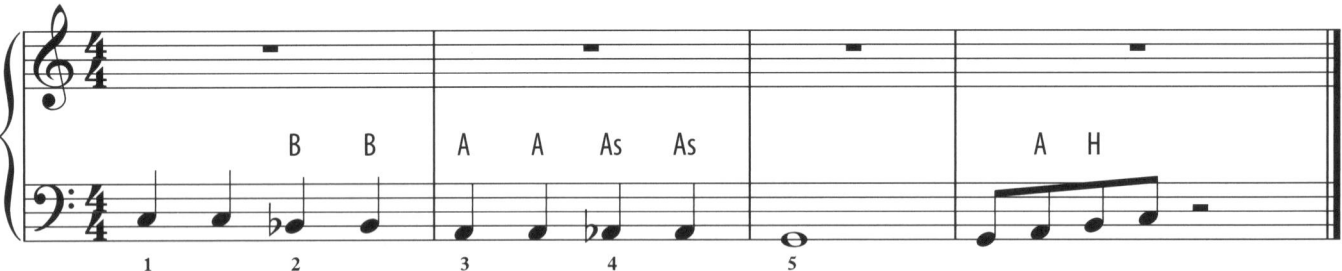

⚠ **Regel:**
Für alle Versetzungszeichen gilt die gleiche Regel:
Die Versetzungszeichen gelten bis zum Ende vom Takt.

Broadway
Florian Tekale

♩ = 108

42   *Pop Piano School*

Walking Down the Road

Florian Tekale

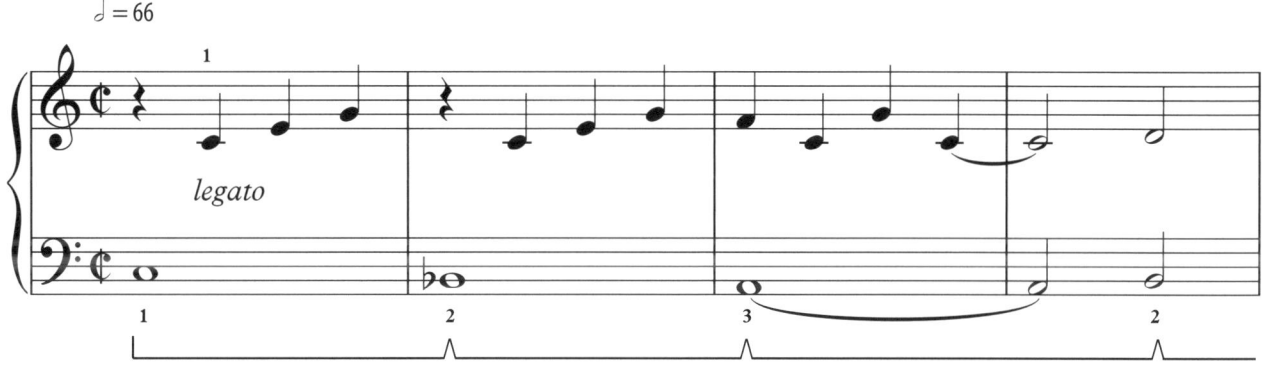
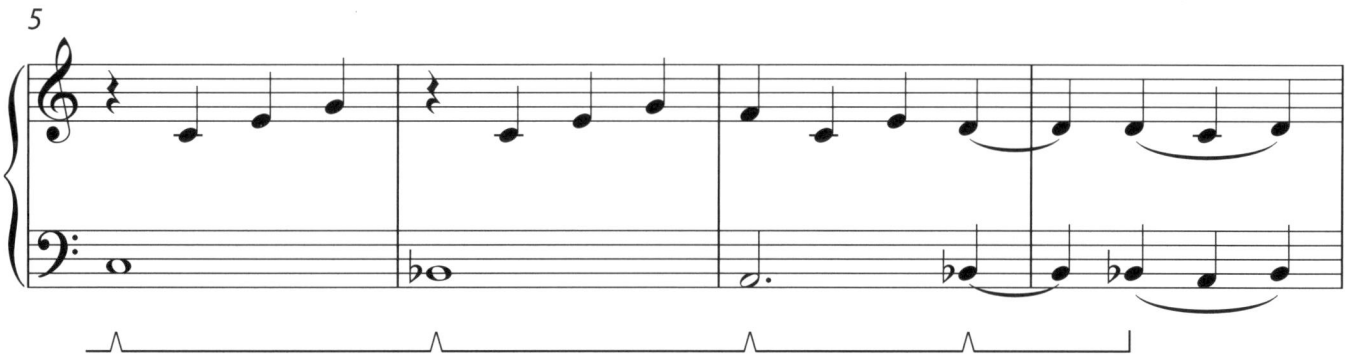
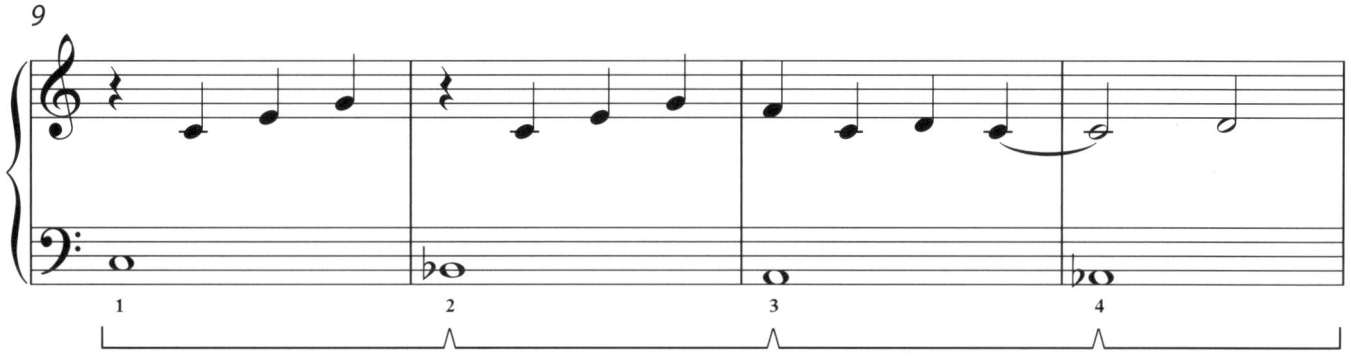
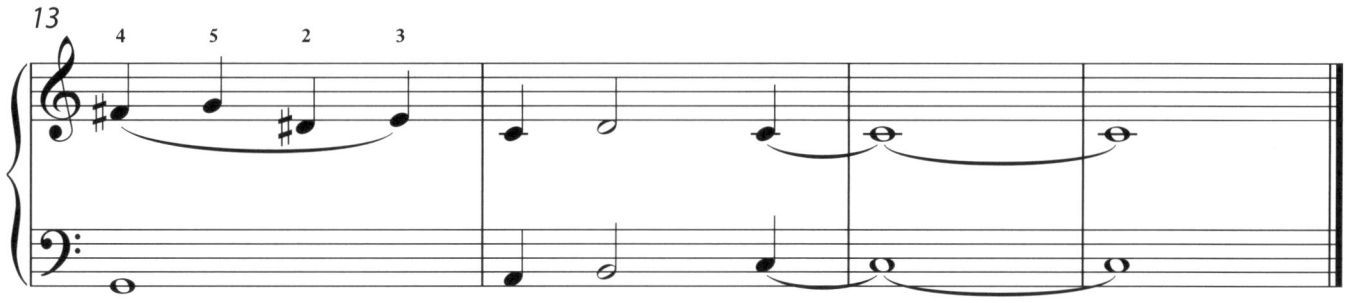

Versetzungszeichen

Das Auflösungszeichen ♮

Ein *Auflösungszeichen* (♮) löst ein zuvor gesetztes ♯ oder ♭ auf. Es gilt solange, bis ein neues ♯ oder ♭ auf derselben Tonhöhe auftaucht. Spätestens am Ende des Taktes verliert das *Auflösungszeichen* seine Gültigkeit.

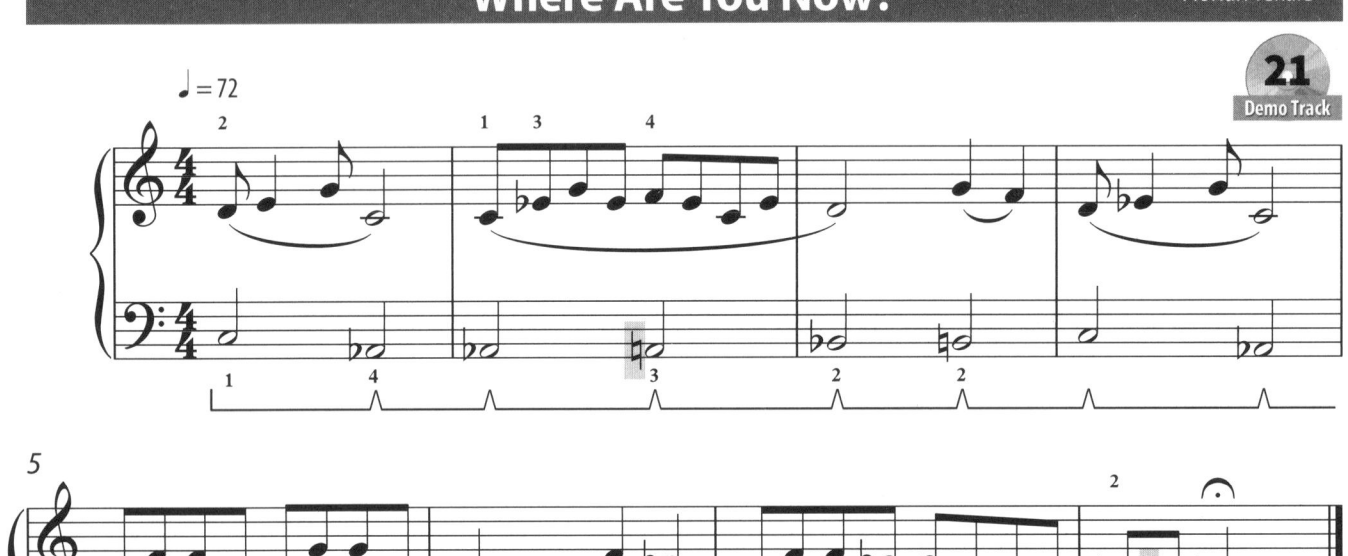

Andere Note – gleiche Taste

Bezeichnungen:

deutsch	international
Cis = Des	C♯ = D♭
Dis = Es	D♯ = E♭
Fis = Ges	F♯ = G♭
Gis = As	G♯ = A♭
Ais = B	A♯ = B♭

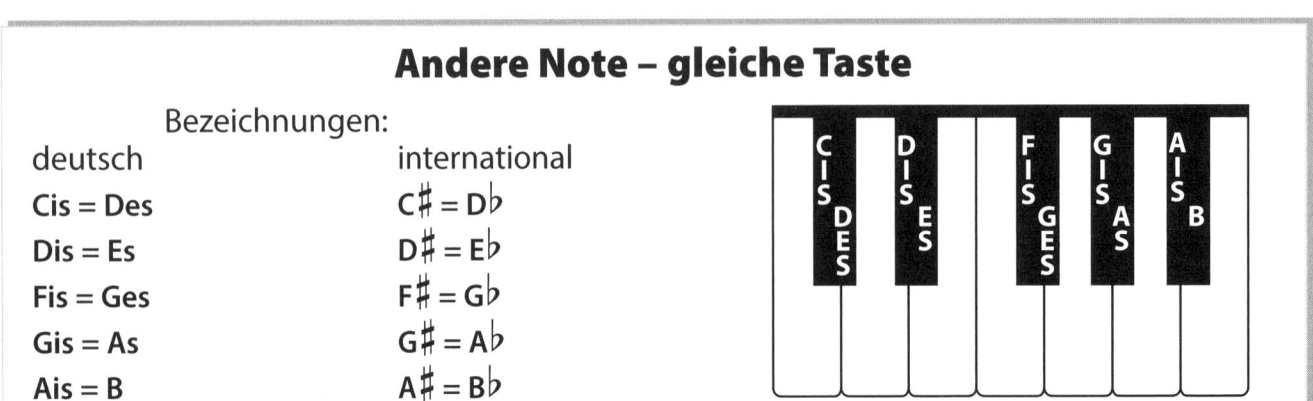

Pop Piano School

Übersicht über das Notensystem

Im Notensystem gibt es Töne, deren Position du dir leicht einprägen kannst – wie Orte auf einer Landkarte ...

... die **c**'s durch ihre Spiegelung – schau dir dazu auch die *Abbildung auf S. 118* an!

... die **f**'s und **g**'s anhand der Notenschlüssel.

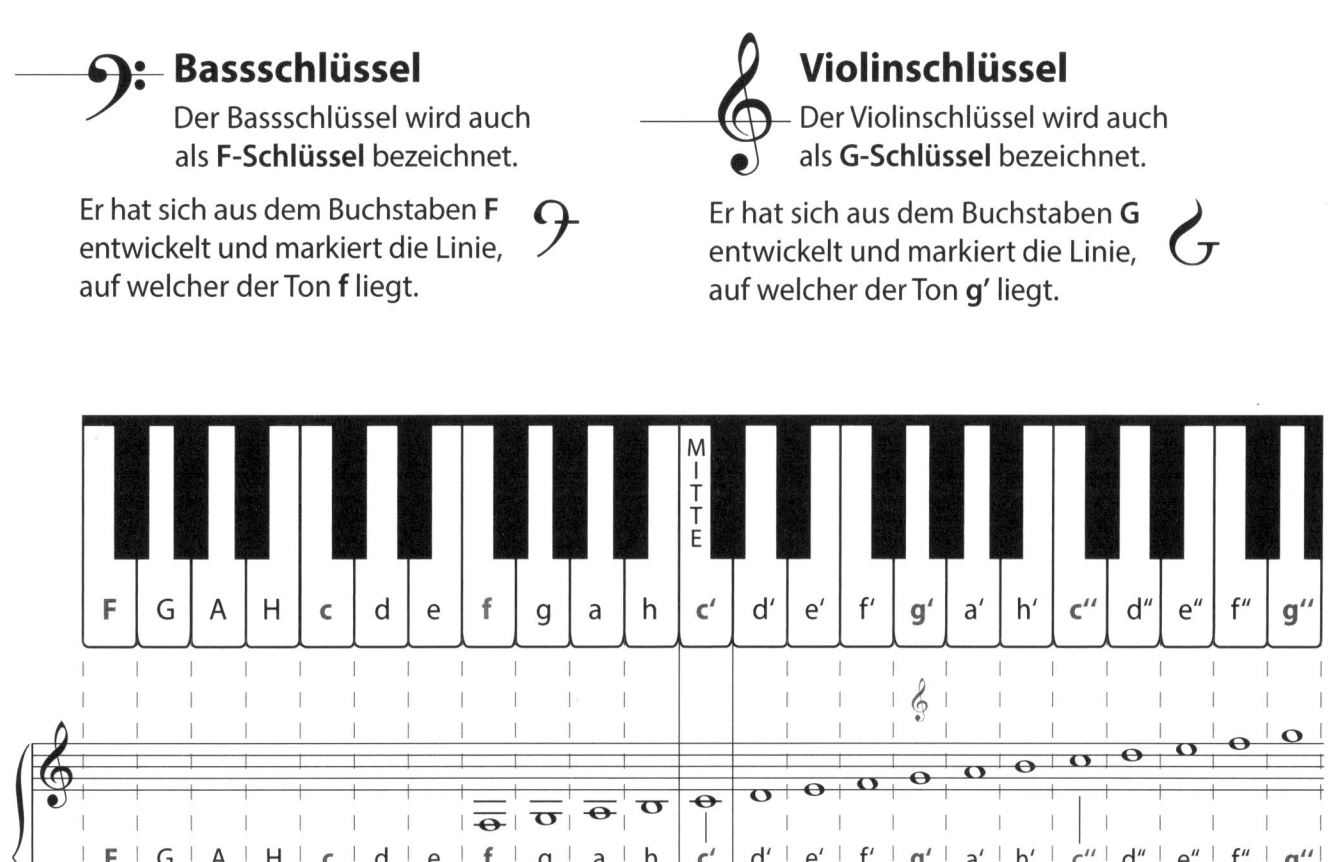

Bassschlüssel
Der Bassschlüssel wird auch als **F-Schlüssel** bezeichnet.
Er hat sich aus dem Buchstaben **F** entwickelt und markiert die Linie, auf welcher der Ton **f** liegt.

Violinschlüssel
Der Violinschlüssel wird auch als **G-Schlüssel** bezeichnet.
Er hat sich aus dem Buchstaben **G** entwickelt und markiert die Linie, auf welcher der Ton **g'** liegt.

Tipp

Und so kannst du dir die Positionen der Töne **F** und **g''** einprägen:

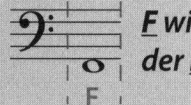 *F* wie *F*ußball – der *F*ußball liegt unterm Regal.

*G*anz nach oben bis zum *G*ipfel-*g''*.

Übersicht Notensystem

Lagenwechsel

In den folgenden Übungen *wechselt die rechte Hand* zwischen verschiedenen Fünftonlagen.

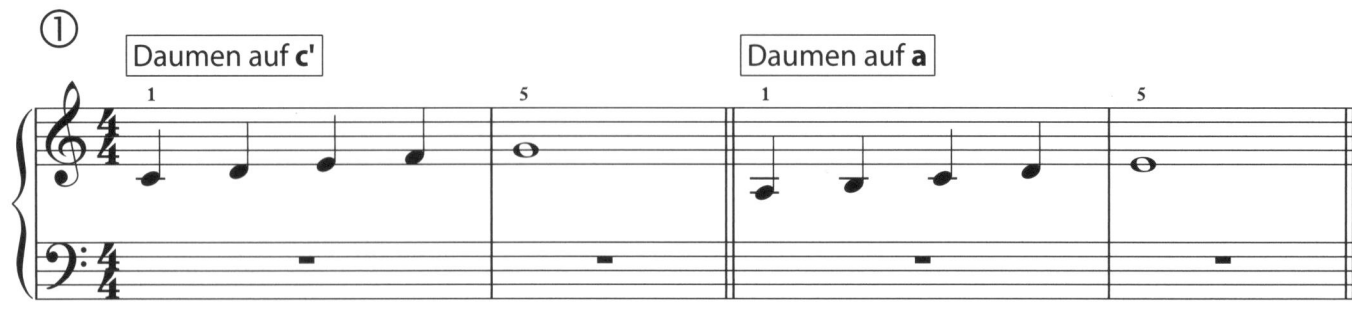

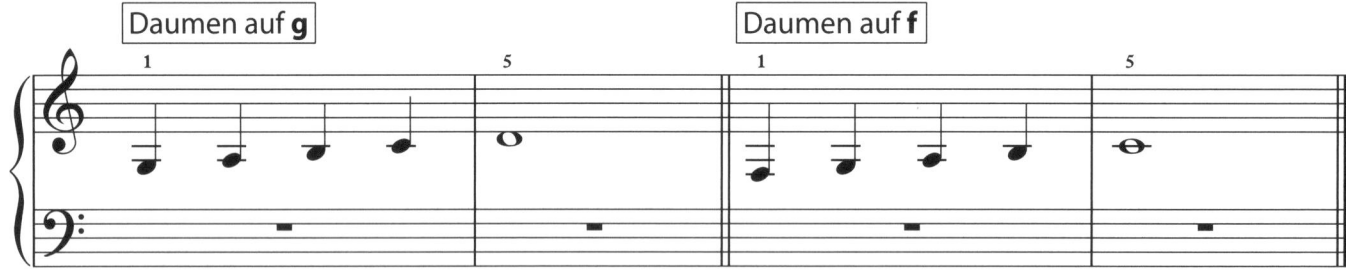

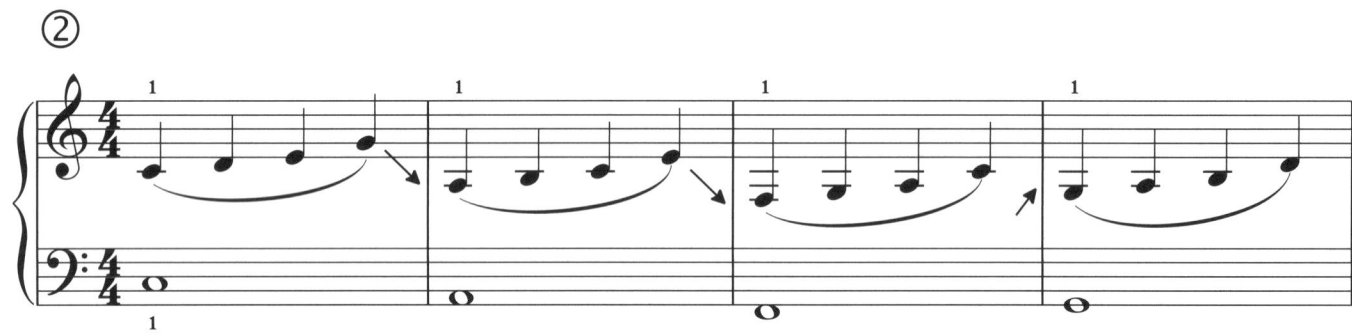

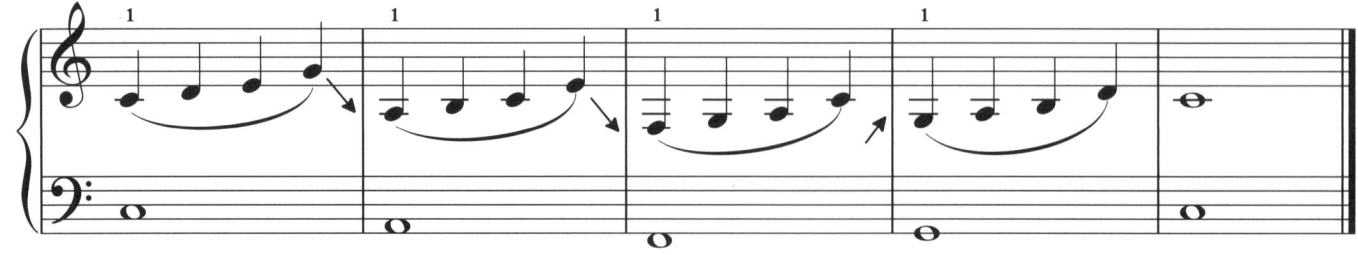

Reflection

Florian Tekale

Lagenwechsel

Ticking Clock

Florian Tekale

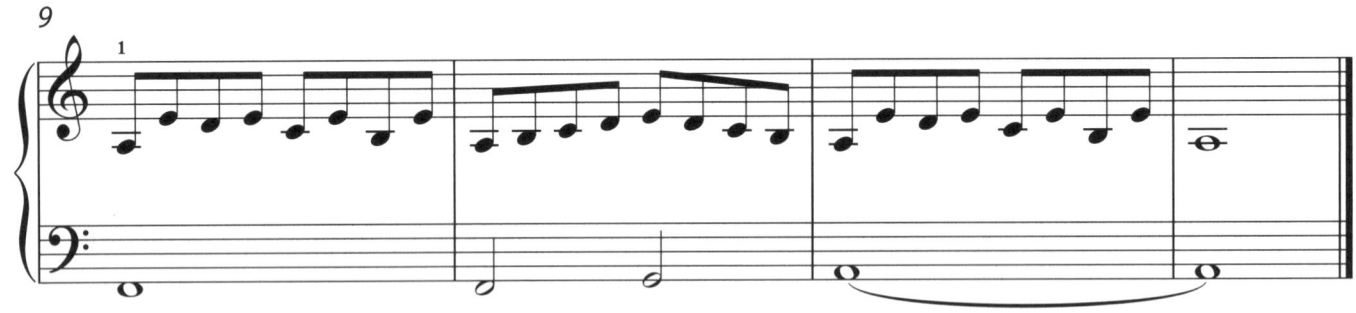

Tipp

- Die rechte Hand von **Ticking Clock** bewegt sich nur in drei verschiedenen Lagen. Wenn es dir schwerfällt, das Stück auf Anhieb mit beiden Händen zu spielen, kannst du auch erst die Lagenwechsel der rechten Hand üben. In der folgenden Übung konzentrierst du dich nur auf die Lagenwechsel.

- Stell das Metronom beim Üben zunächst auf Achtelnoten ein und achte auf einen gleichmäßigen Tastenanschlag. Zu Beginn solltest du ein gemäßigtes Tempo wählen, z.B. 80 Schläge pro Minute. Wenn du bei den Lagenwechseln treffsicher bist, erhöhst du das Tempo schrittweise (z.B. in 10er-Schritten) auf 120 Schläge pro Minute.

Pop Piano School

Hold On

Florian Tekale

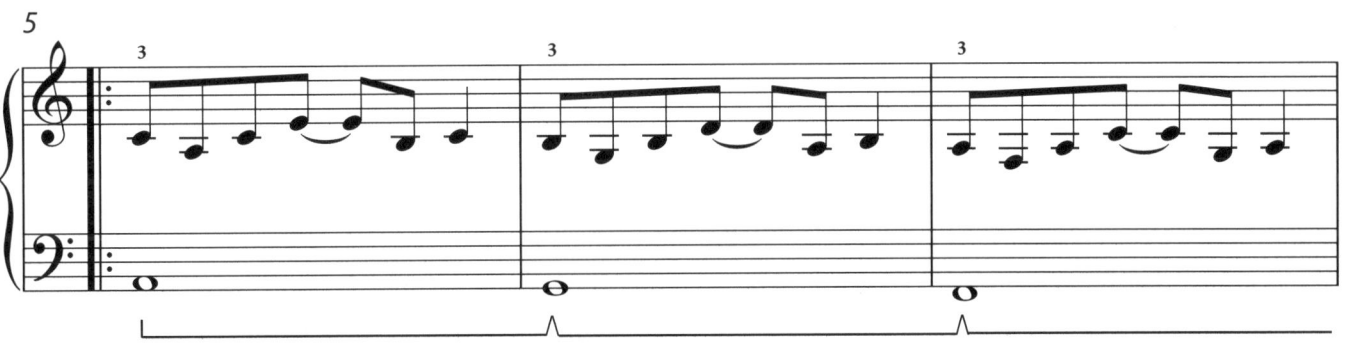
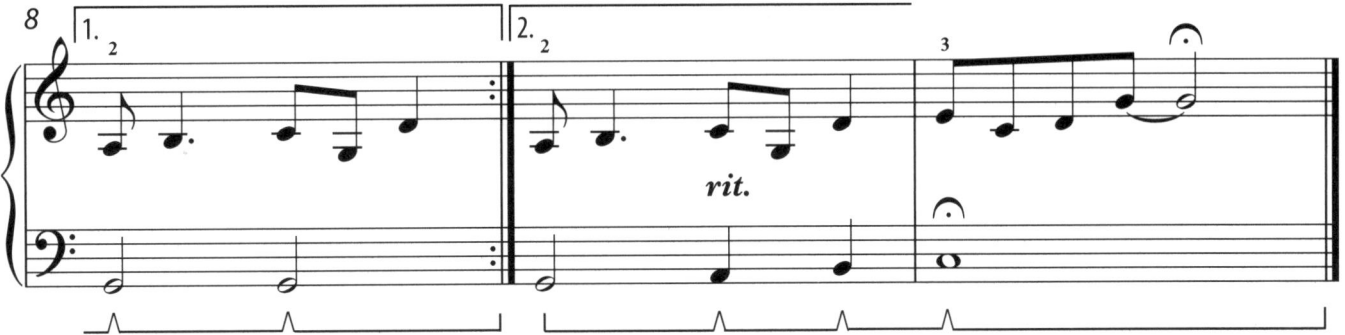

Gratulation, du hast den *ersten Teil* des Buches geschafft ☺ und einige wichtige Basics gelernt. Im *zweiten Teil* von **Pop Piano School** geht es um folgende Themen:

→ Akkorde in der rechten Hand – für Songbegleitung und Solo-Piano (S. 50 – 87)
→ Techniken für die linke Hand – für einen zeitgemäßen Solo-Piano-Sound (S. 88 – 113)

Für das weitere Vorgehen gibt es zwei Möglichkeiten:

→ Du kannst ab hier einfach alles der Reihe nach durcharbeiten.
→ Wenn du hoch motiviert bist, und es dein Zeitbudget zulässt, kannst du auch parallel an den letzten beiden Themenbereichen arbeiten.

Pedalspiel

Doppelgriffe

Die Quinte

Eine *Quinte* ist ein Abstand von *fünf Tönen*.

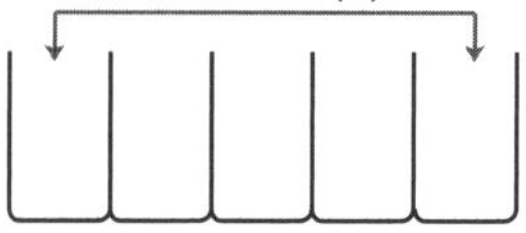

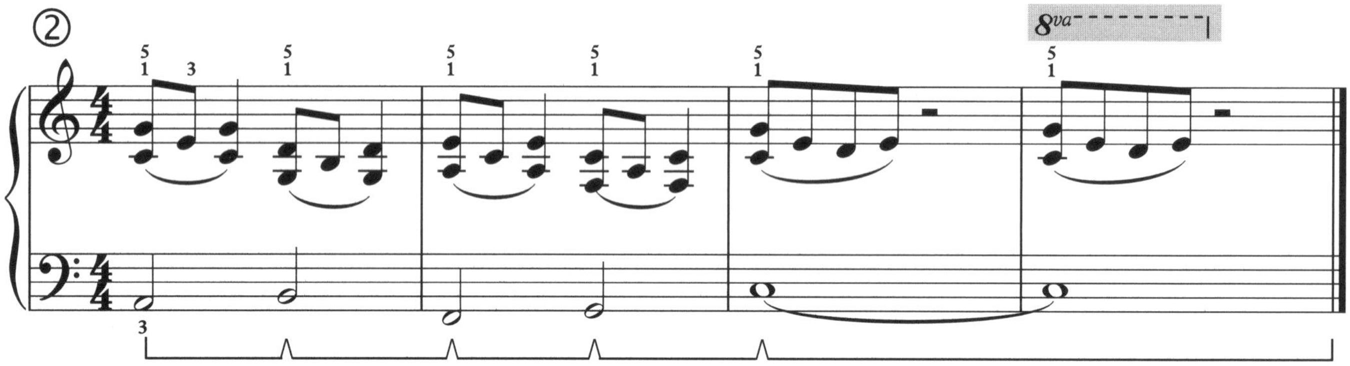

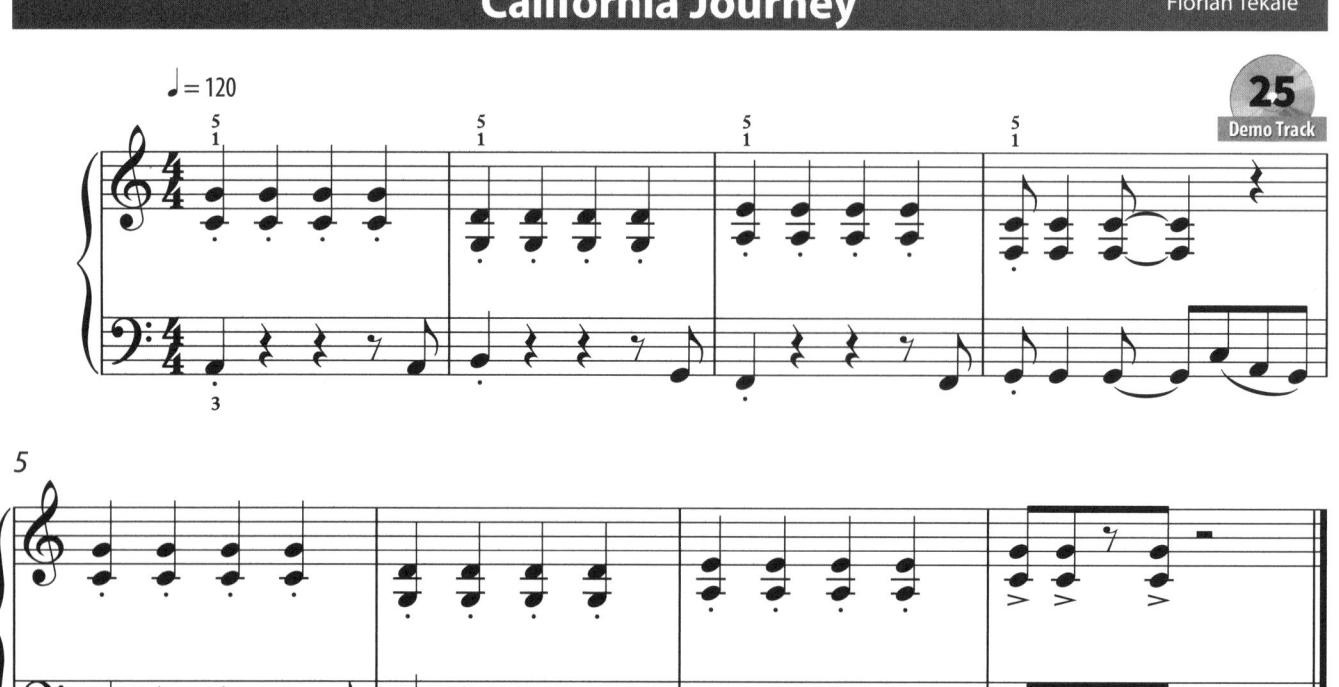

8va - - - - - - - = *ottava*: Die markierten Töne sind eine Oktave höher zu spielen als notiert.

California Journey

Florian Tekale

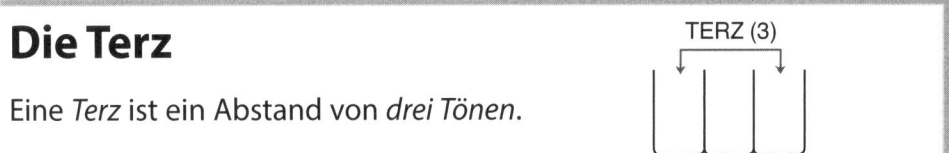

Die Terz

Eine *Terz* ist ein Abstand von *drei Tönen*.

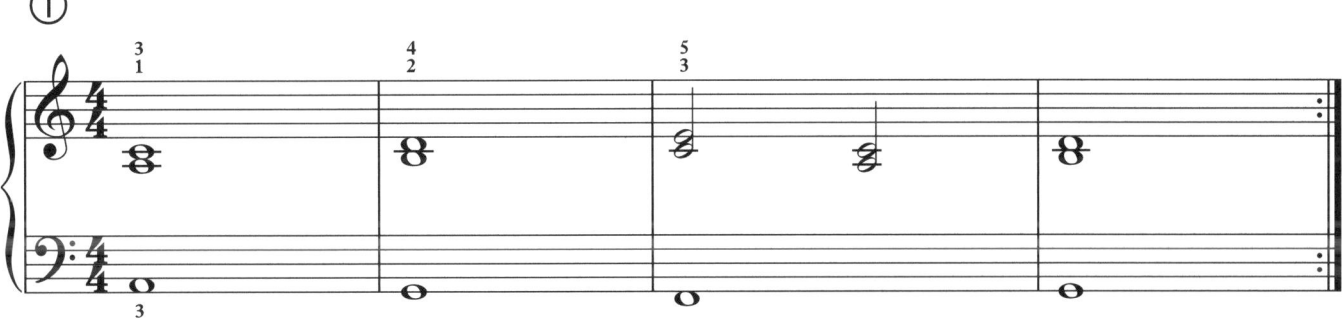

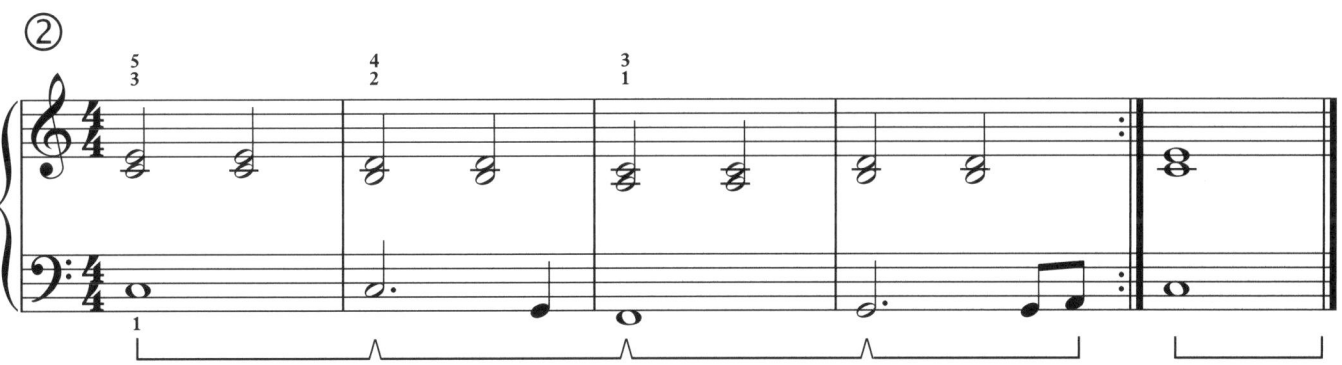

Distant Lights

Florian Tekale

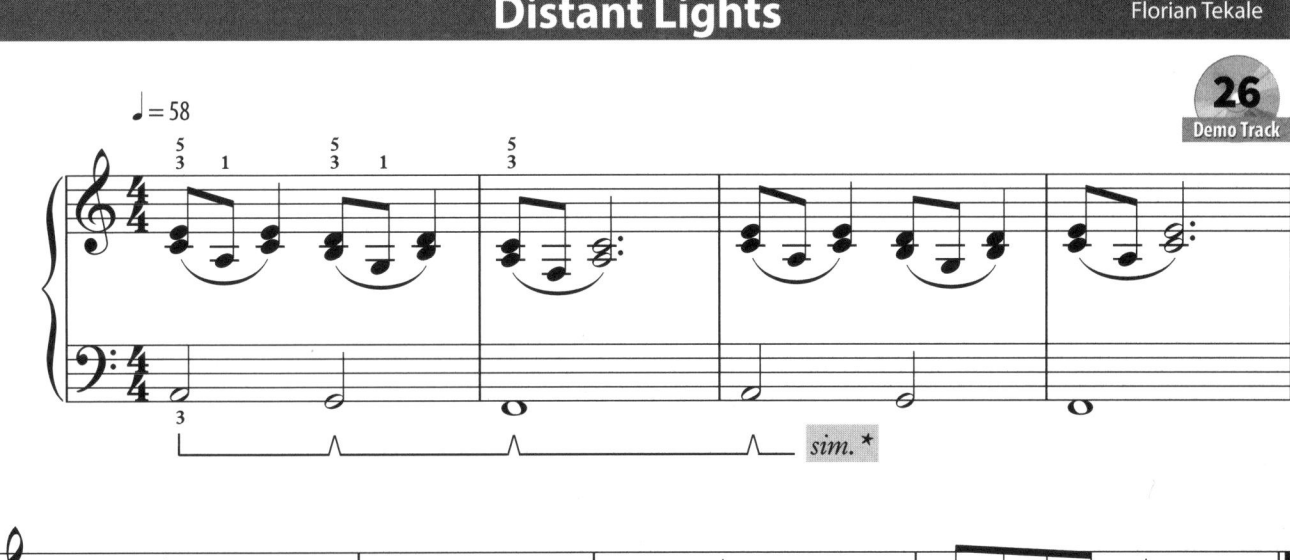

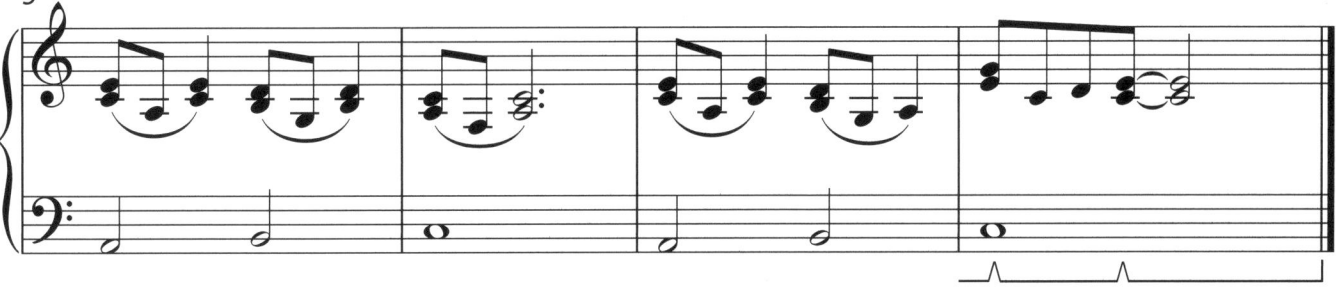

*** simile** bzw. **sim.** zeigt an, in gleicher Weise weiter zu spielen (hier: Pedalspiel)

Doppelgriffe

Dreiklänge

Dreiklänge sind Akkorde aus drei Tönen. Deren **Grundstellung** sieht so aus:

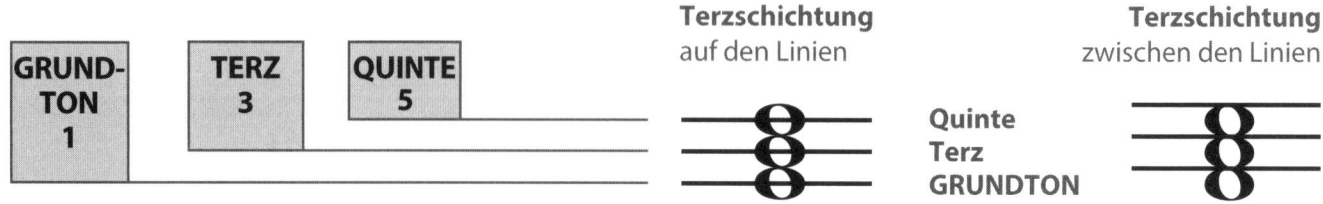

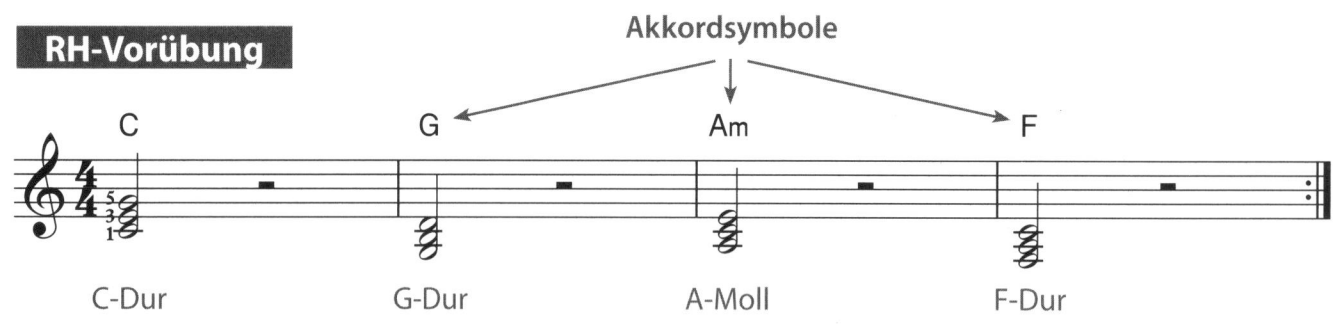

Chords

Florian Tekale

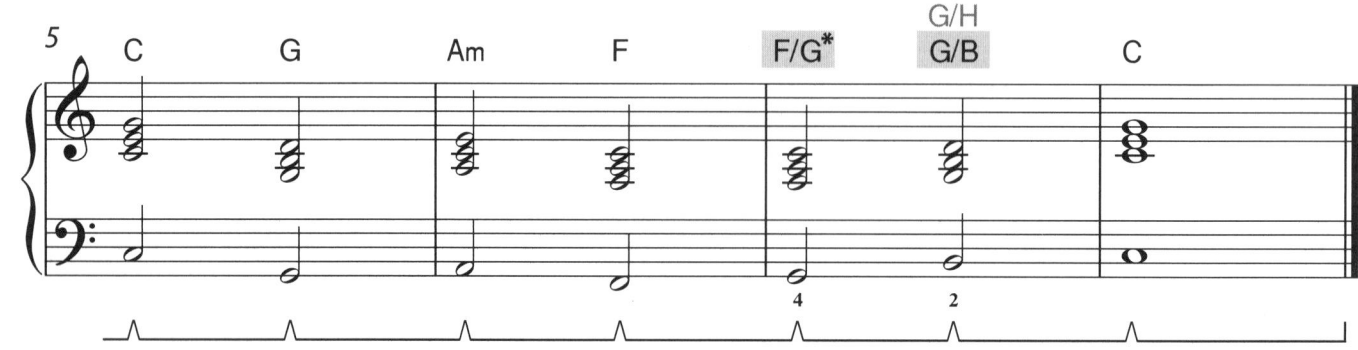

***Slash Chords (z.B. F/G, G/B)**

Slash Chords sind Akkorde, bei denen die linke Hand (Bass) einen anderen Ton als den Grundton spielt.

Pop Piano School

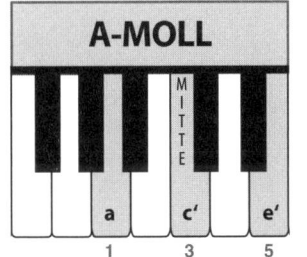
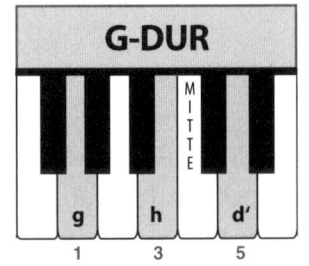
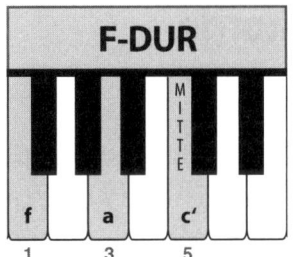
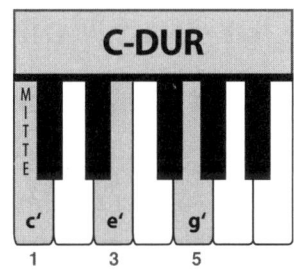

Harmony

Florian Tekale

Dreiklänge / Akkorde

Dur- und Moll-Akkorde

Terz ist nicht gleich Terz ...

Dur-Akkorde *unterscheiden* sich in ihrem Aufbau von Moll-Akkorden. Dabei spielen die Terzen eine wichtige Rolle. Um den deutlich hörbaren Unterschied zwischen Dur und Moll zu verstehen, müssen wir wissen, dass es *unterschiedliche Terzen* gibt:

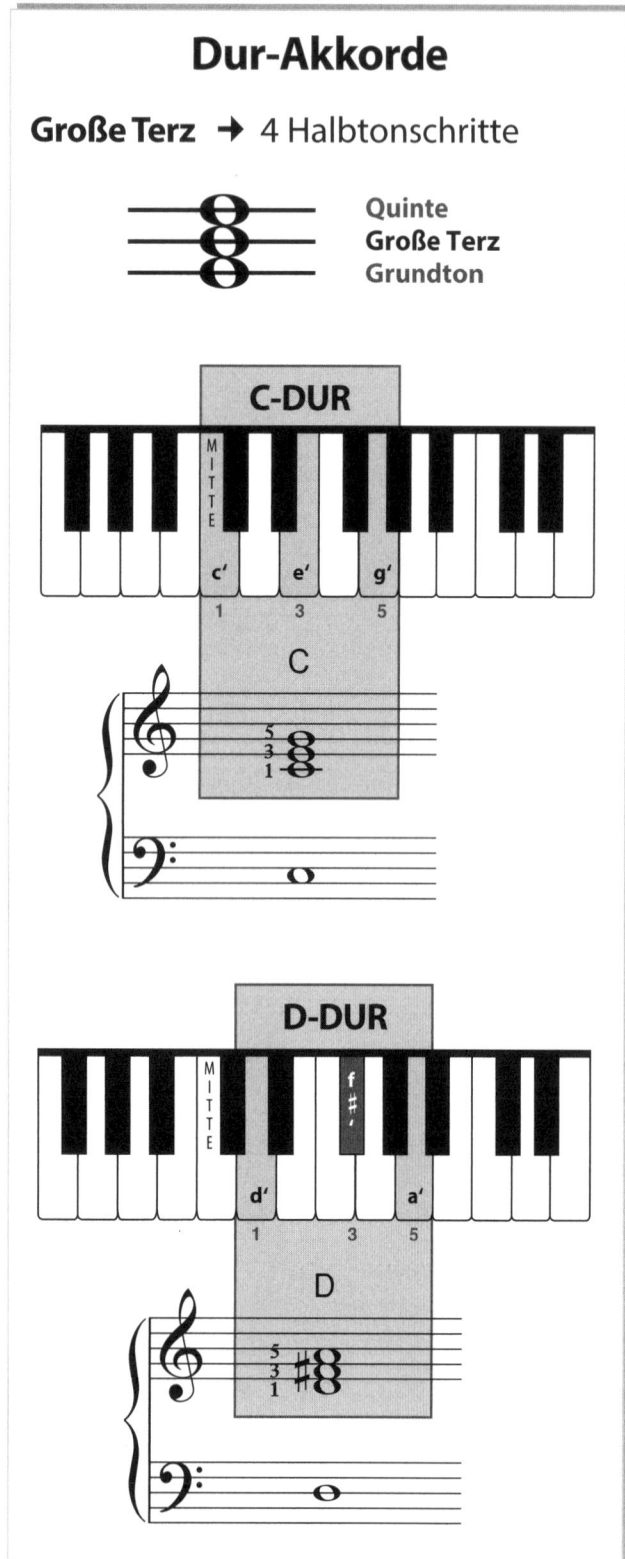

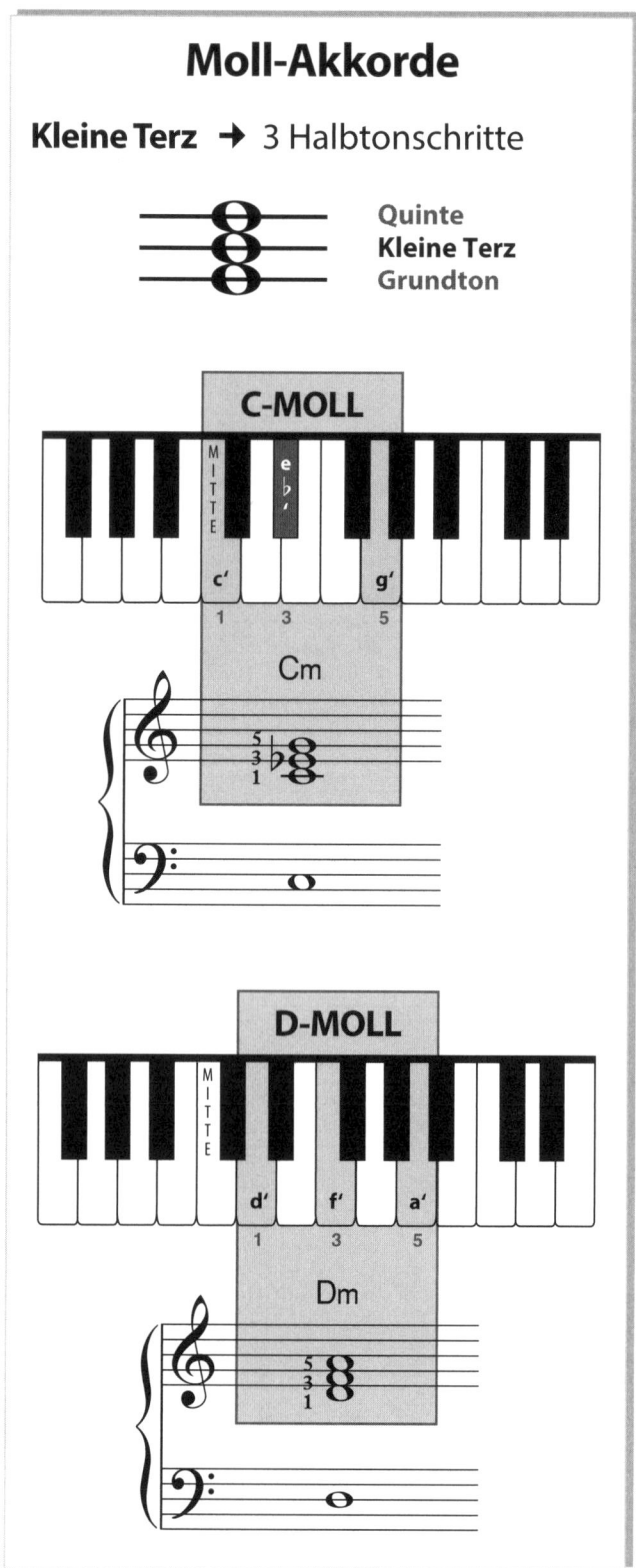

Ergänze den Moll-Akkord!

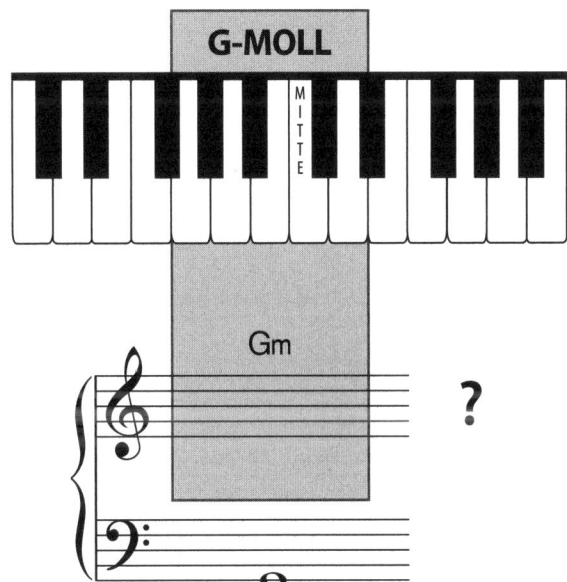

Ergänze den Dur-Akkord!

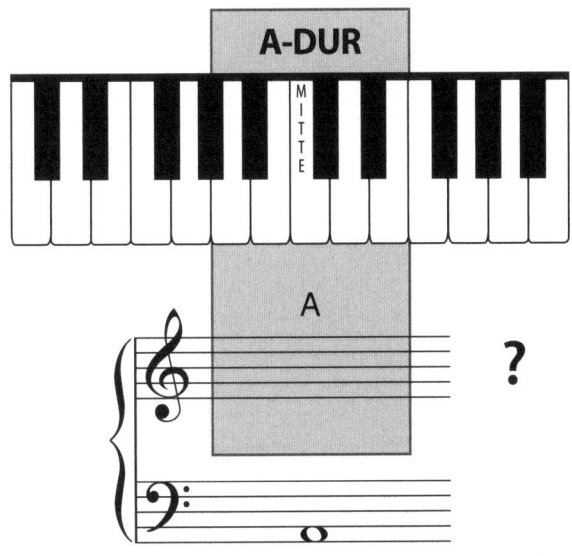

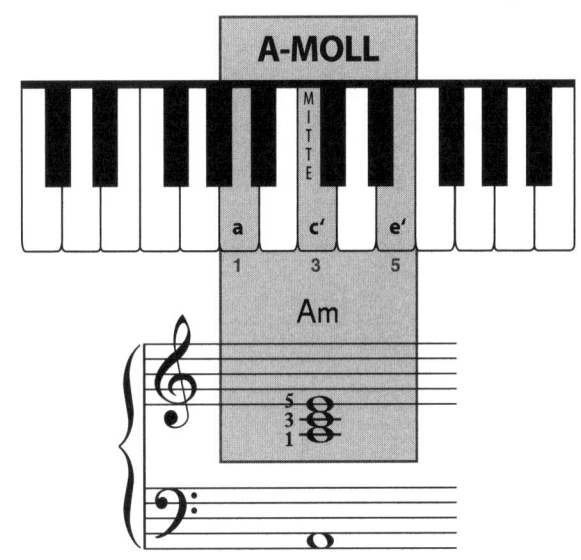

Wie heißen diese Akkorde?

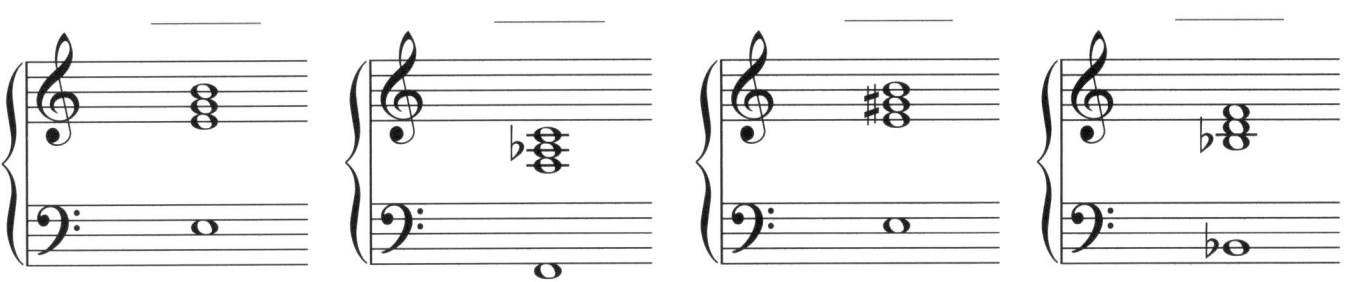

Dreiklänge / Akkorde

Back In the City

Florian Tekale

29
Demo Track

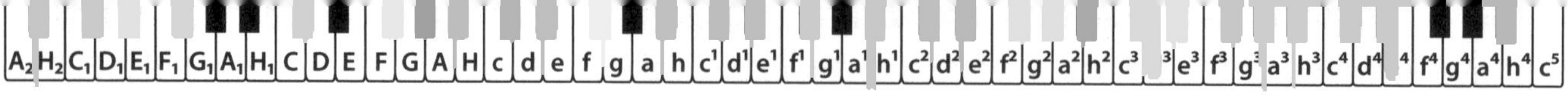

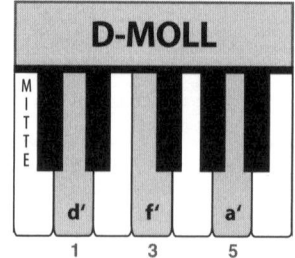

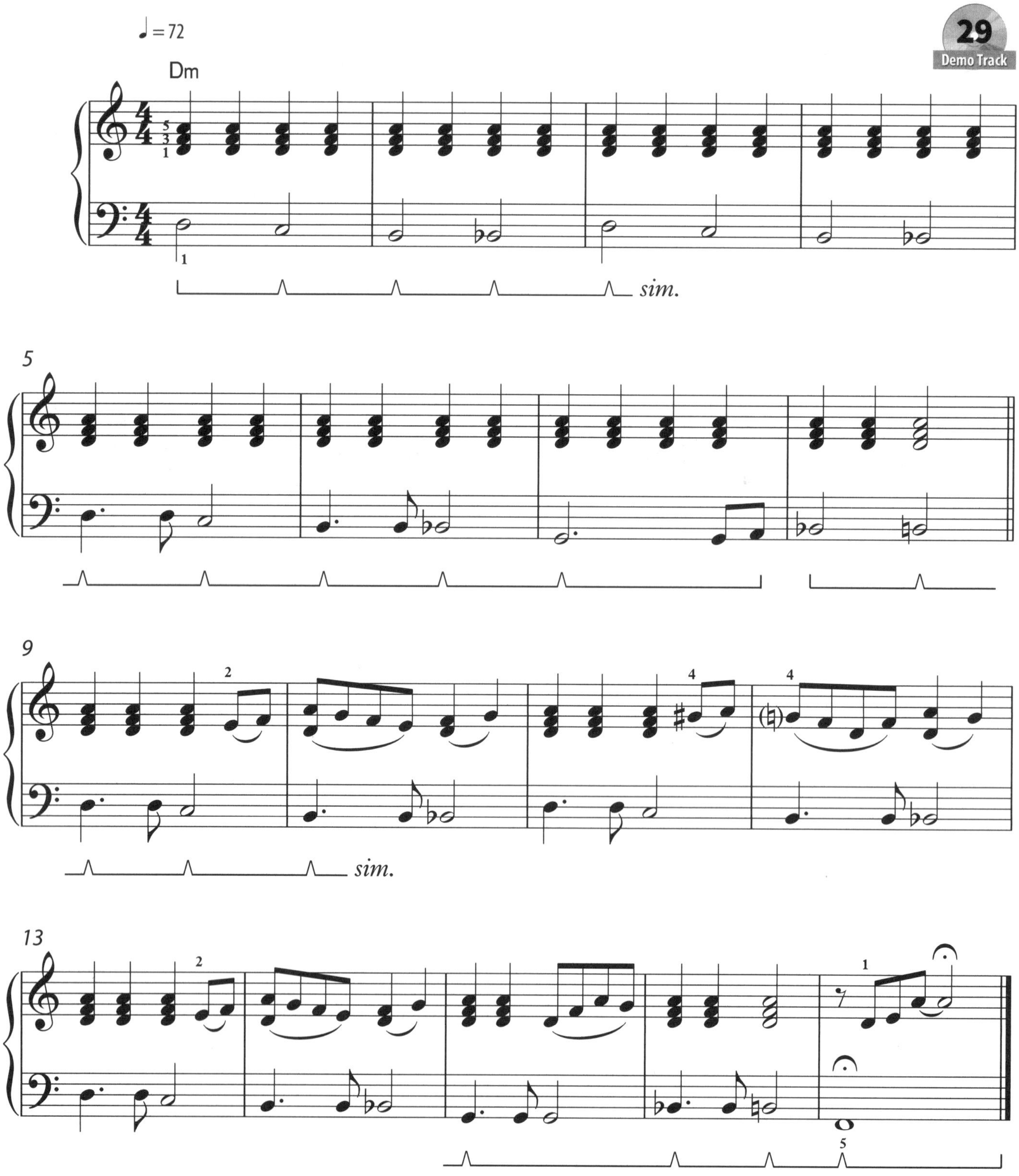

Intervalle

Als *Intervall* bezeichnet man den Abstand zwischen zwei Tönen. Man unterscheidet zwischen *melodischen Intervallen* (wenn zwei Töne *nacheinander* gespielt werden) und *harmonischen Intervallen* (wenn zwei Töne *gleichzeitig* gespielt werden).

Quinten und *Terzen* kennst du bereits (*vgl. S. 50–51*); sie werden z.B. für Dreiklänge in der Grundstellung verwendet (*vgl. S. 52–53*).

Bevor wir uns mit den *Umkehrungen* von Dreiklängen (*siehe ab S. 61*) befassen, verschaffen wir uns zunächst einen Überblick über die Intervalle, die wir für neue Akkorde brauchen:

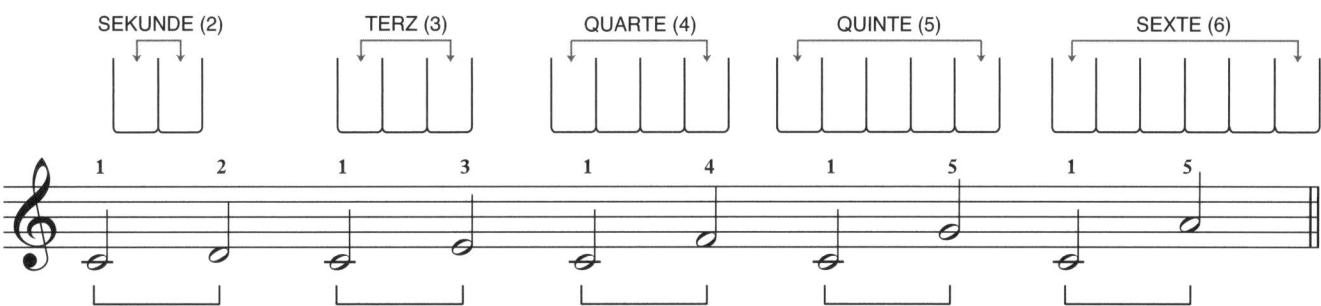

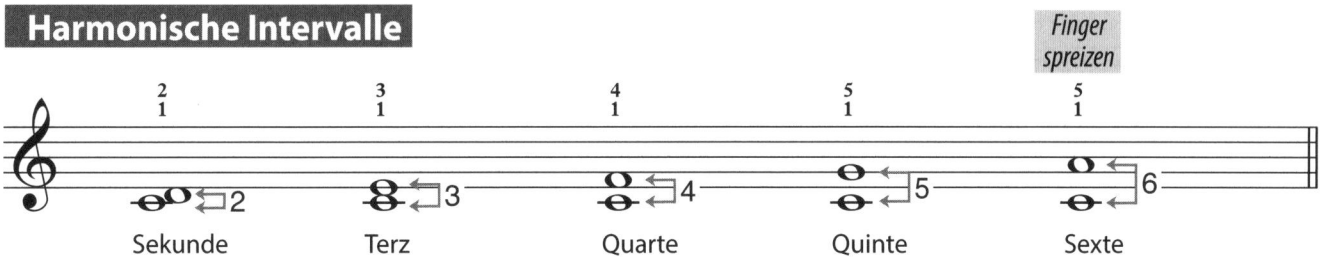

Intervalle

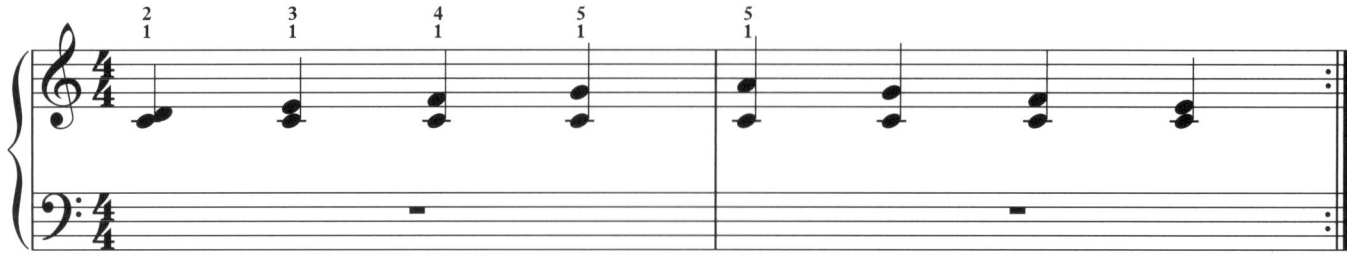

①

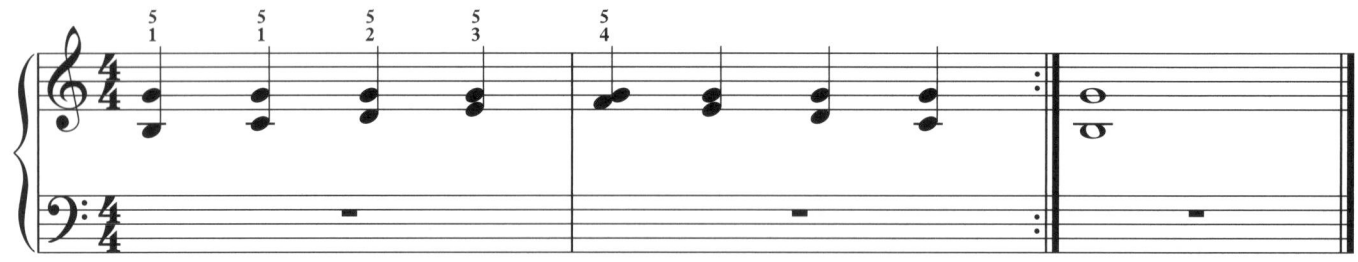

②

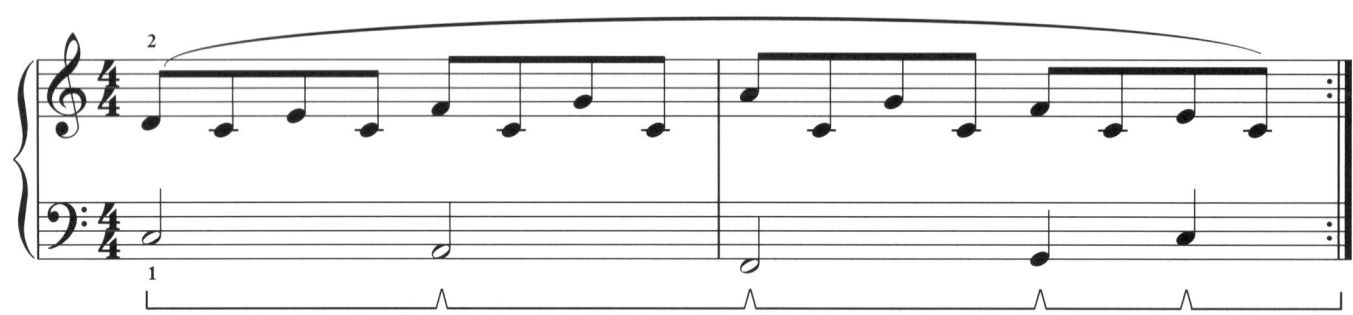

③

④

Dreiklangsumkehrungen

Wenn die Anordnung der drei Töne eines Dreiklangs verändert wird und der Grundton nicht mehr unten liegt, spricht man von **Umkehrung**.

1. Umkehrung

Bei der **1. Umkehrung** wird der Grundton eine Oktave höher gelegt. Unten ist dann die *Terz*, in der Mitte die *Quinte* und oben der *Grundton*.

Wenn der Grundton eine *Oktave höher* liegt, spricht man auch von der **Oktavlage**.

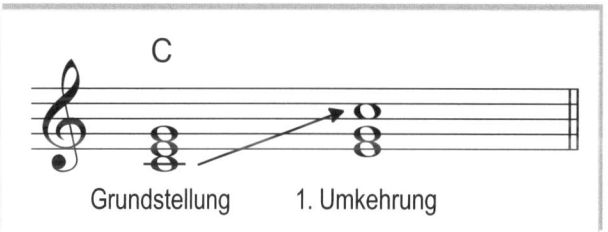

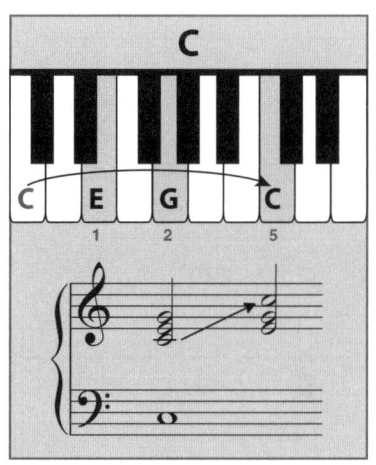

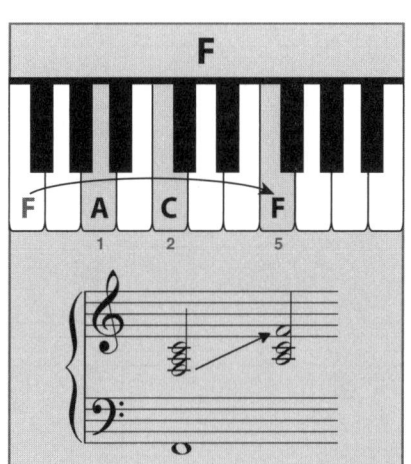

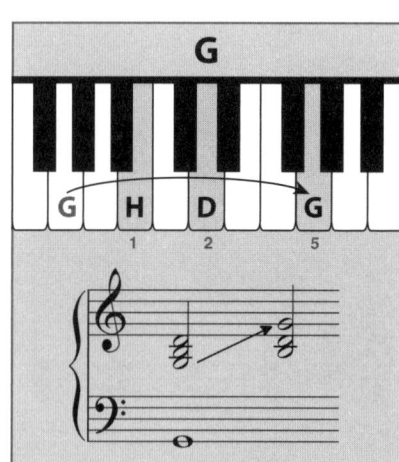

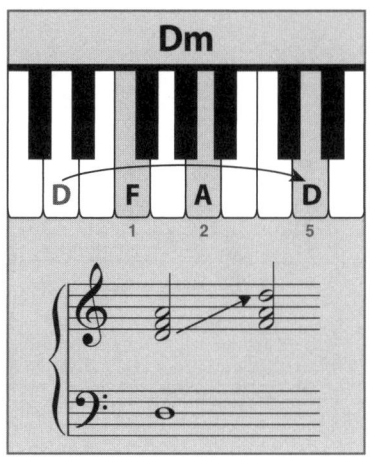

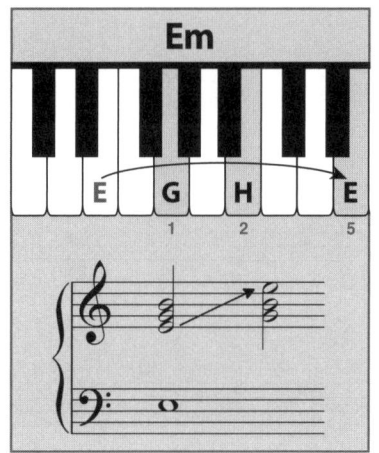

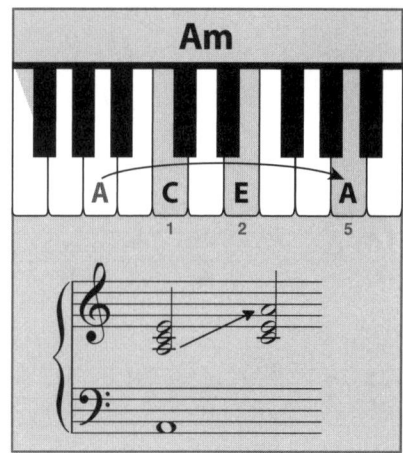

Dreiklangsumkehrungen

① **Grundstellung – 1. Umkehrung**

②

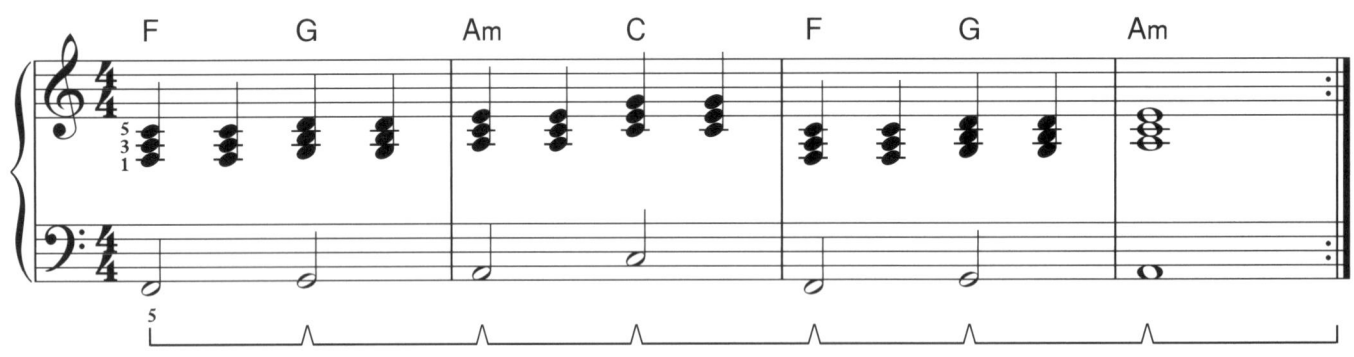

③

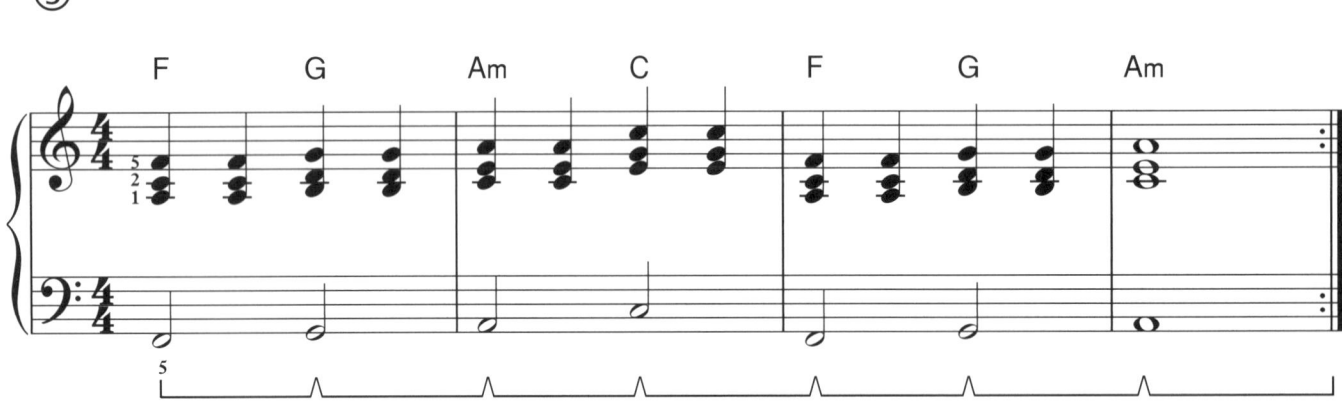

④

Coming Home

Florian Tekale

Dreiklangsumkehrungen

2. Umkehrung

Legt man den untersten Ton der **1. Umkehrung** eine Oktave nach oben, spricht man von der **2. Umkehrung**.

Unten liegt jetzt die *Quinte*, in der Mitte der *Grundton* und oben die *Terz*.

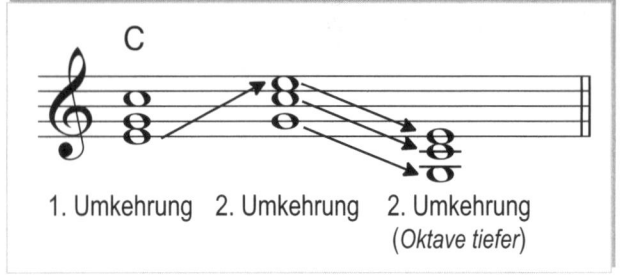

1. Umkehrung 2. Umkehrung 2. Umkehrung *(Oktave tiefer)*

Wenn die *Terz oben* liegt, spricht man auch von der **Terzlage**.

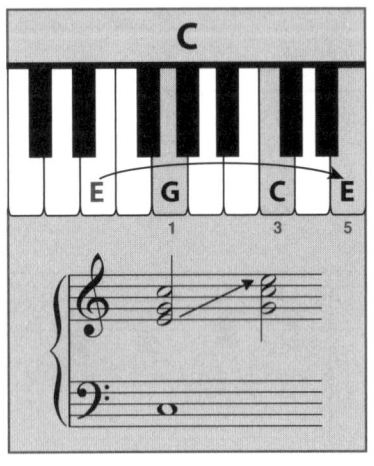
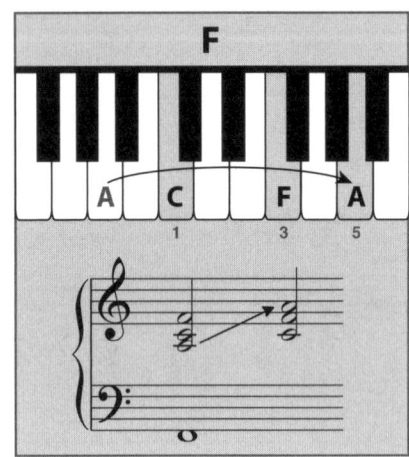
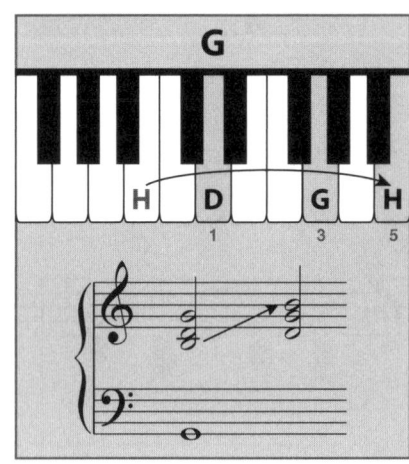

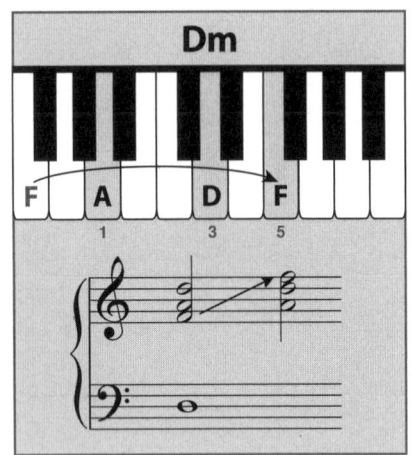
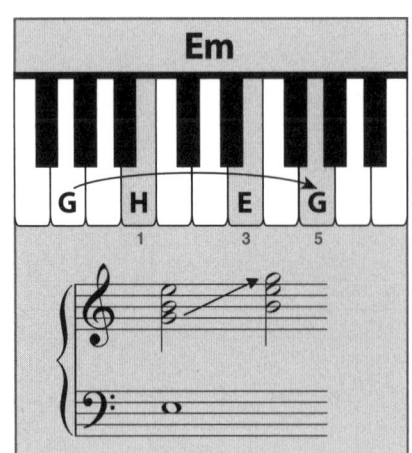
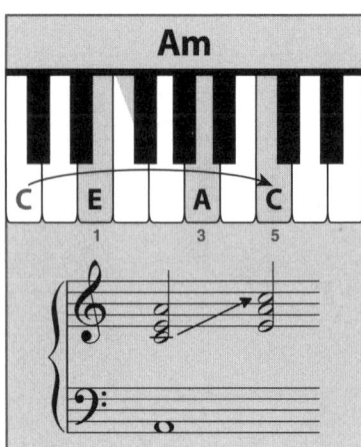

① Übung 1: Grundstellung – 2. Umkehrung

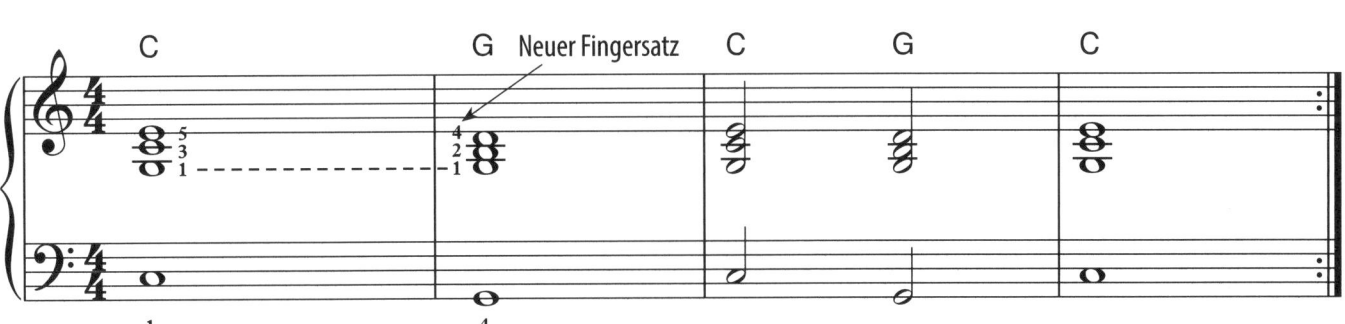
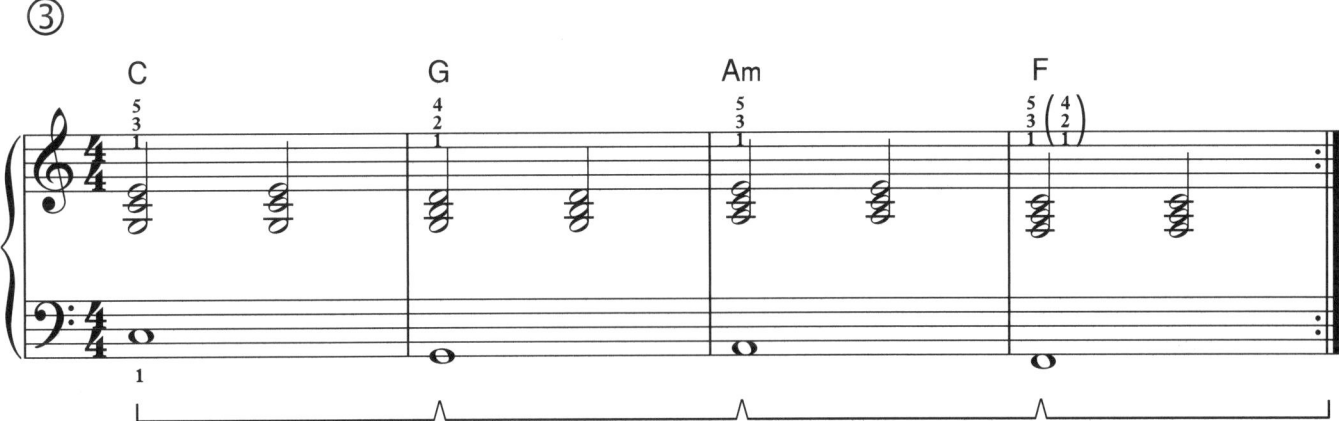
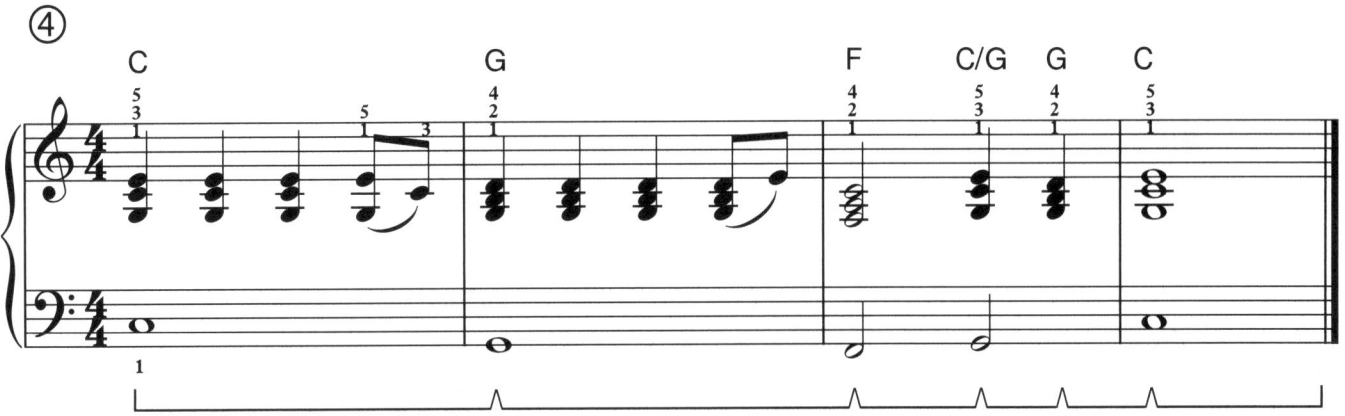
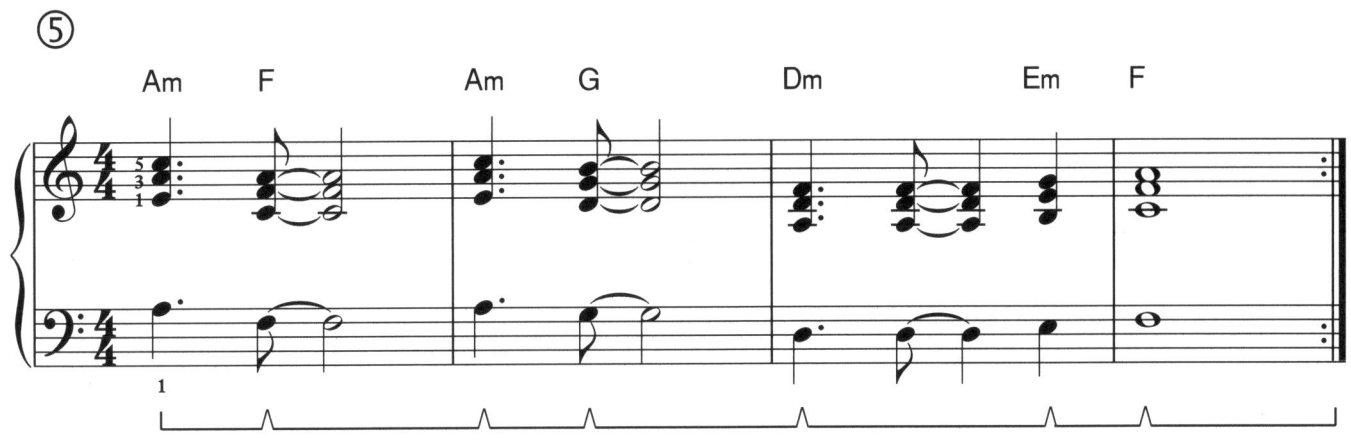

Dreiklangsumkehrungen

Übersicht Dreiklangsumkehrungen

1. / 2. Umkehrung (Dur)

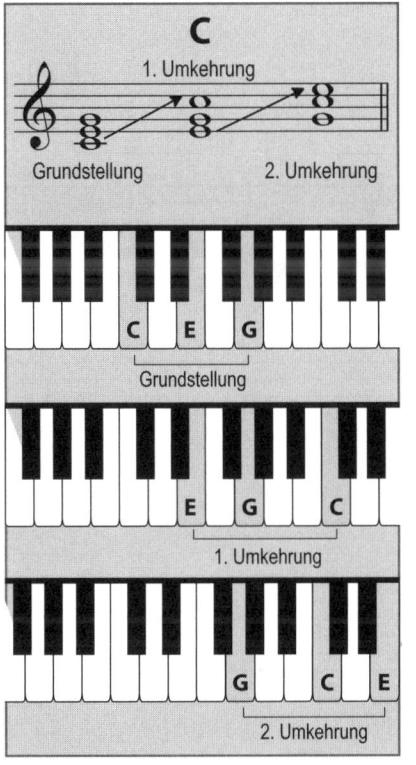
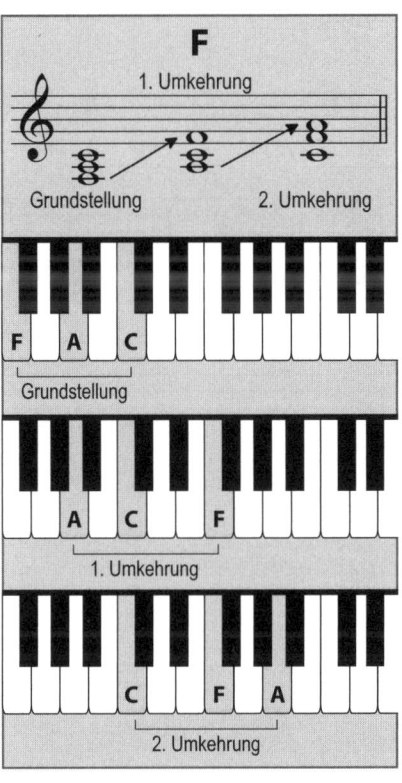
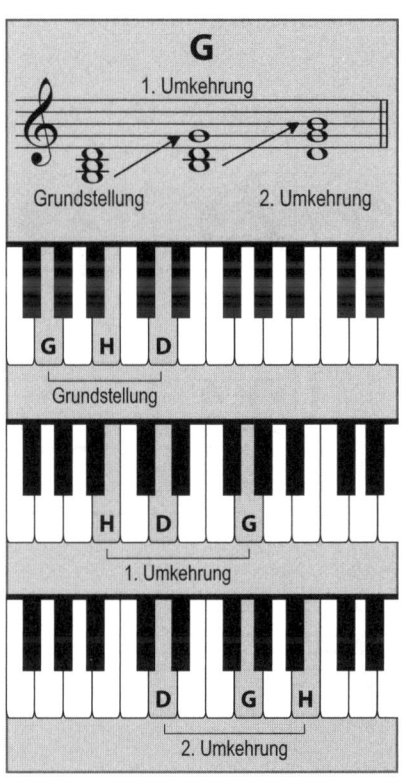

1. / 2. Umkehrung (Moll)

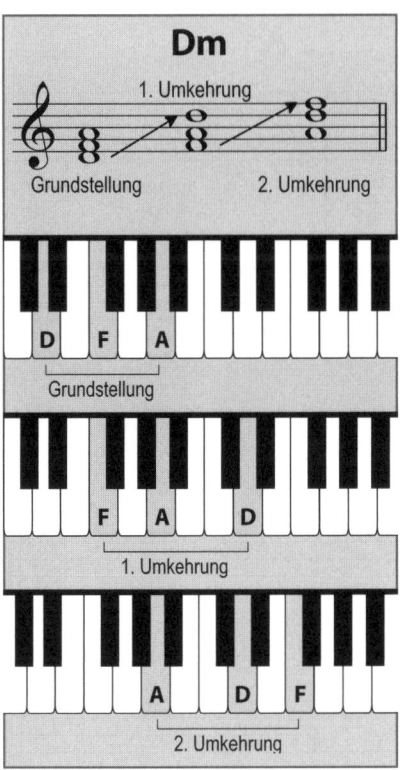
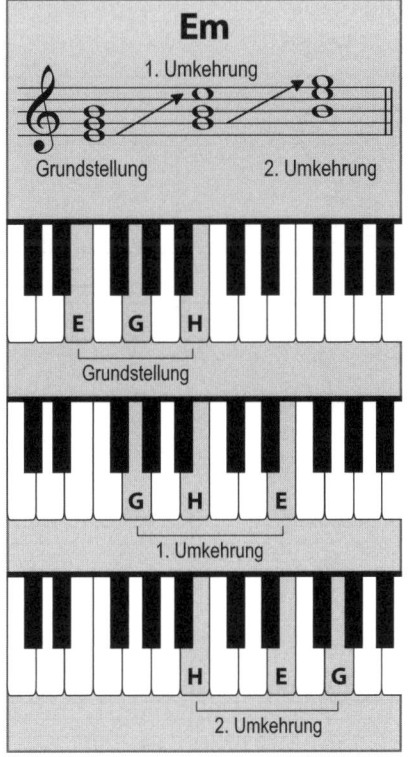
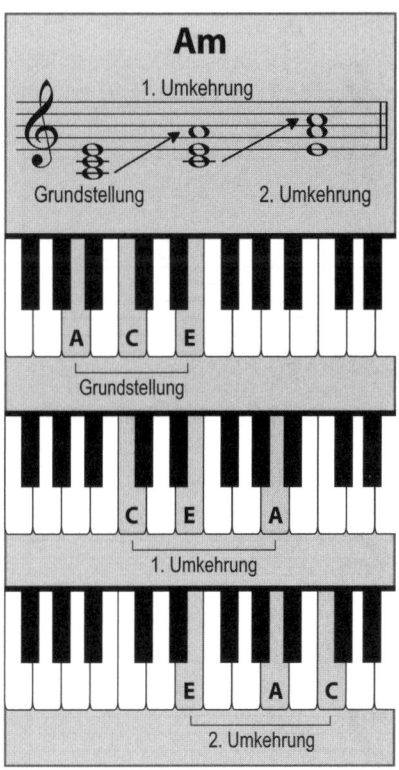

Dreiklangsumkehrungen

Rising High
(Übung zum Wechseln der Akkordlagen)

Florian Tekale

Trage die Akkorde nach dem Muster von Takt 1 – 4 in die leeren Takte ein. Orientiere dich dabei an den Akkordsymbolen! Ziel ist es, die Akkordlagen auch ohne Noten sicher zu wechseln.

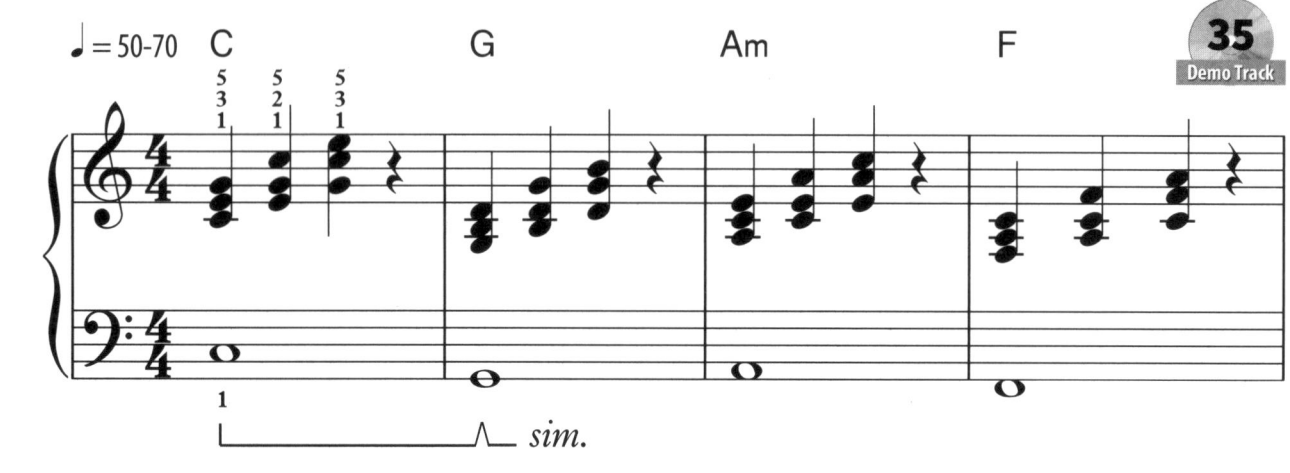

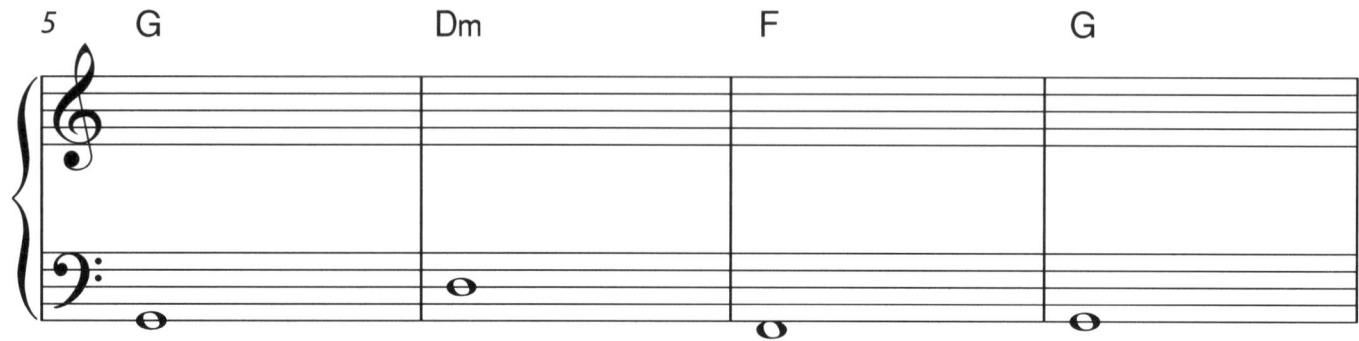

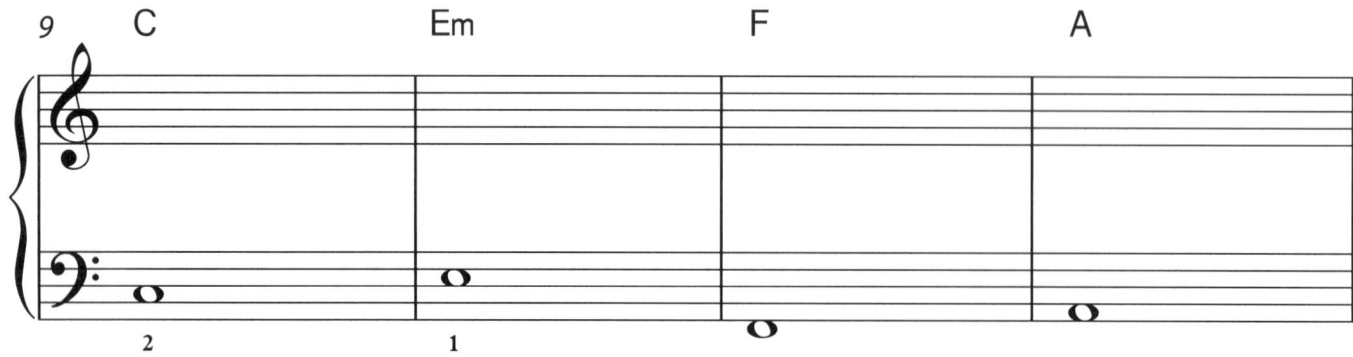

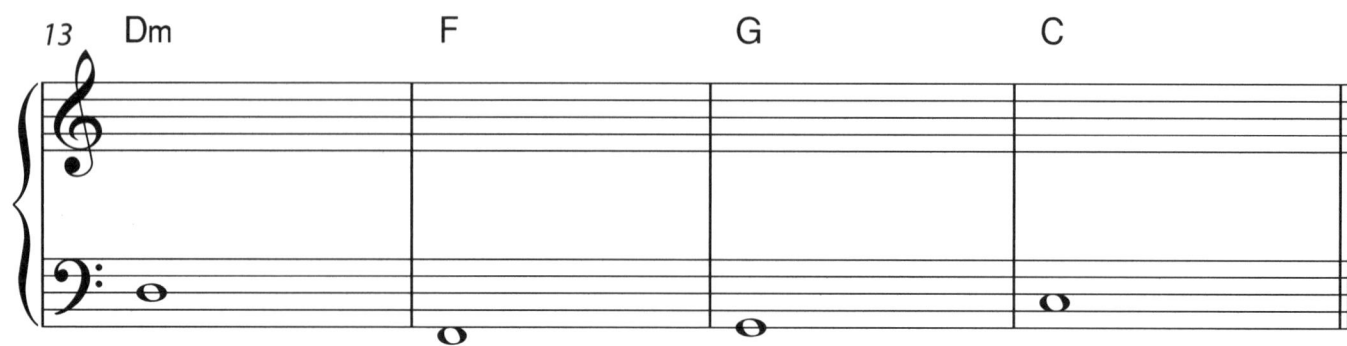

Dreams

Florian Tekale

Tipp

- Schau dir die Dreiklänge an, bevor du drauflos spielst: Welche Akkordstellung haben wir jeweils? Grundstellung, 1. Umkehrung oder 2. Umkehrung?
- Übe die Akkordfolge der ersten Zeile, bis du mit den Fingersätzen vertraut bist.

Dreiklangsumkehrungen

Die Tonart C-Dur

Die **C-Dur-Tonleiter** besteht aus *sieben* Tönen:

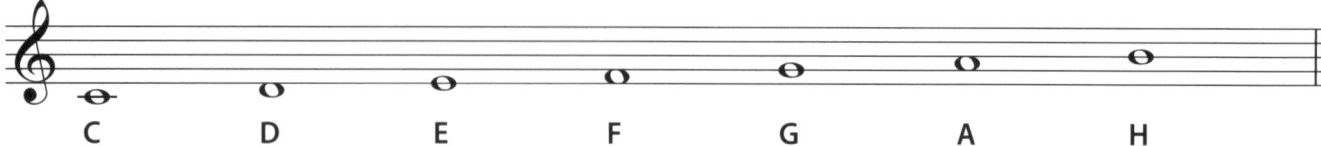

Besteht ein Musikstück nur aus diesen sieben Tönen, spricht man von der **Tonart C-Dur**.

Wenn man die Töne in aufsteigender Reihenfolge notiert, erinnert das Notenbild an eine Treppe oder Leiter – daher der Begriff **Tonleiter**. Deshalb bezeichnet man die einzelnen Töne einer Tonleiter auch als **Stufen**. In der Musiktheorie werden diese Stufen in der Regel mit *römischen Ziffern* dargestellt.

Auf jeder Stufe einer Tonleiter kann man einen Dreiklang bilden, indem man Terzen übereinander schichtet. Dabei dürfen nur Töne verwendet werden, die in der Tonleiter (Tonart) vorkommen. So bekommt man die *leitereigenen Dreiklänge* der jeweiligen Tonart.

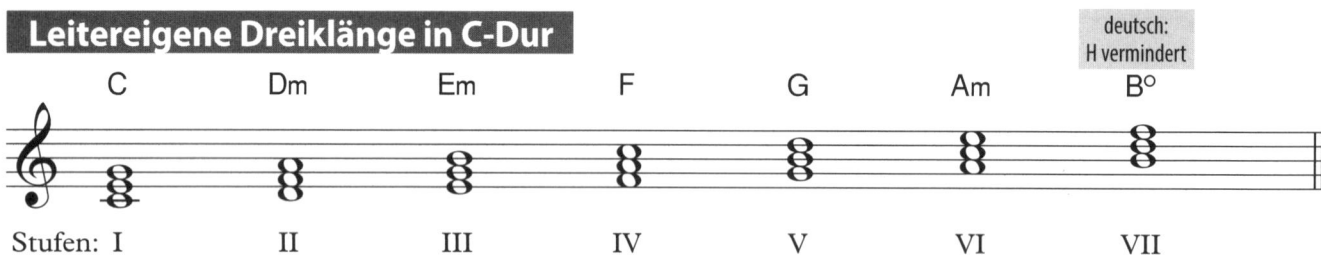

Da die Verteilung von *großen* und *kleinen Terzen* von Stufe zu Stufe unterschiedlich ausfällt, ergeben sich verschiedene Akkordtypen:
- **3 Dur-Dreiklänge** auf den Stufen I, IV und V,
- **3 Moll-Dreiklänge** auf den Stufen II, III und VI,
- **1 verminderter Dreiklang** auf Stufe VII – dieser besteht aus *2 kleinen Terzen*!

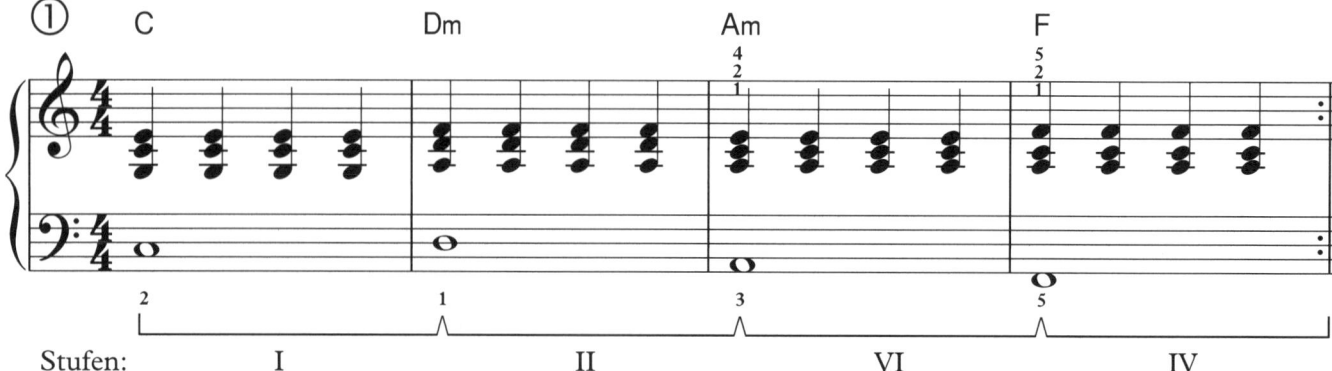

Pop Piano School

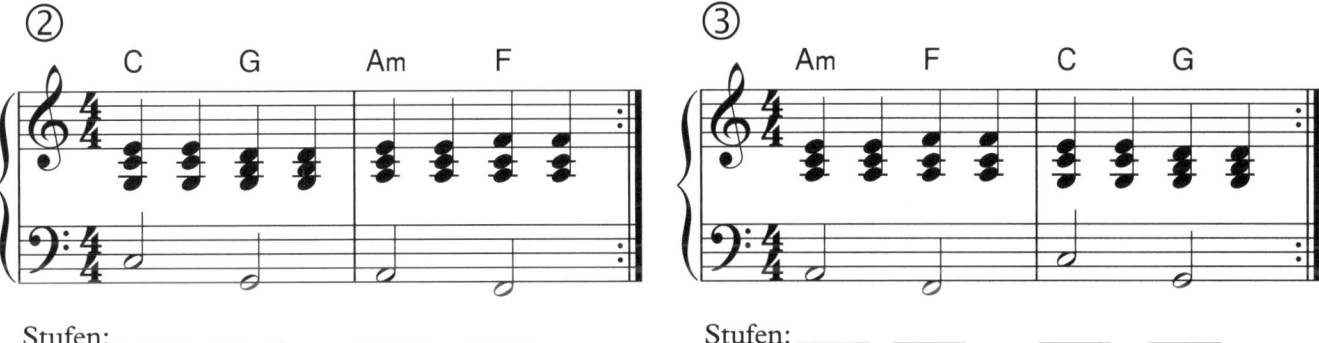

Die Akkordfolgen in den folgenden Beispielen gehören zu den am häufigsten verwendeten Kombinationen in der Popmusik. *Beispiel 3* lässt sich aus *Beispiel 2* durch „Verdrehung" ableiten. Weitere häufig in der Popmusik verwendete Akkordfolgen findest du auf *S. 114 ff.* im *Anhang*.

② C G Am F
Stufen: _____ _____ _____ _____

③ Am F C G
Stufen: _____ _____ _____ _____

Bei den meisten Pop-Kompositionen werden nicht alle *leitereigenen Dreiklänge* benutzt. Vor allem der *verminderte Dreiklang* der VII. Stufe kommt eher selten vor. Um dir zu zeigen, dass man durchaus *alle sieben* Akkorde verwenden kann, habe ich *Song for Everyone* komponiert.

Keine Angst vor Hilfslinien

d f a c'

*D*u *f*indest *a*lle *c*hords.

Song for Everyone
Florian Tekale

Experimentiere doch mal ein bisschen mit den leitereigenen Dreiklängen von C-Dur. So kommst du vielleicht auf eigene Song-Ideen ...

Die Tonart C-Dur

Die Tonart F-Dur

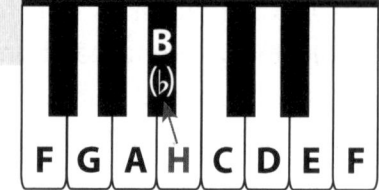

Die **Tonart F-Dur** besteht aus diesen Tönen:
f, g, a, b, c, d, e. Anstelle von h spielen wir b (♭).

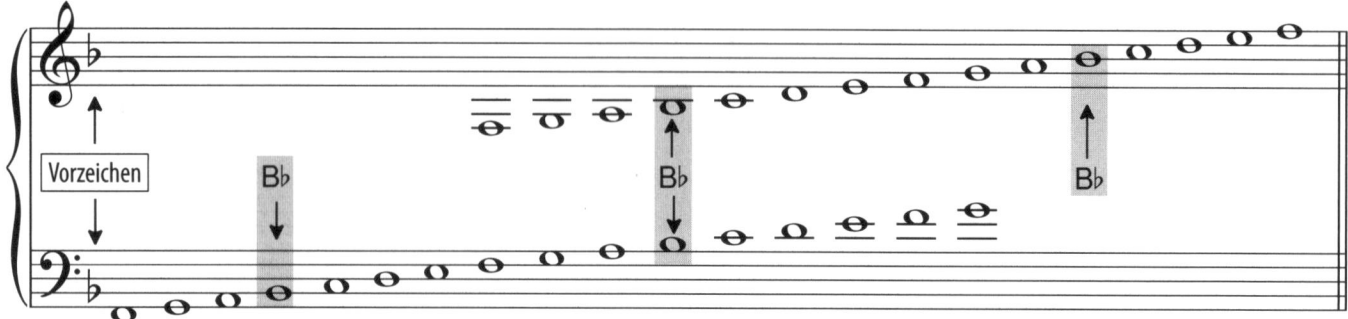

Vorzeichen

Ein Stück in **F-Dur** erkennst du am **Vorzeichen** ♭:

Vorzeichen stehen immer am Anfang der Zeile. Sie gelten für das ganze Stück und in allen Tonlagen – im Gegensatz zu **Versetzungszeichen**. Letztere gelten nur bis zum Ende des jeweiligen Taktes und nur in der Tonlage, in der sie stehen.

Leitereigene Dreiklänge in F-Dur

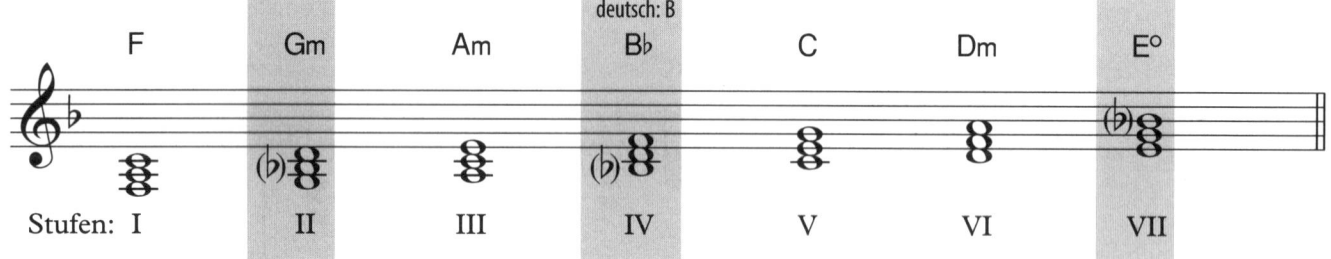

Einige Akkorde aus F-Dur kennst du bereits von der Tonart C-Dur:
C, F, Am, Dm. In F-Dur liegen diese jedoch auf anderen Stufen.
C liegt in F-Dur auf Stufe V (Stufe I in C-Dur).

Akkordfolge in F-Dur

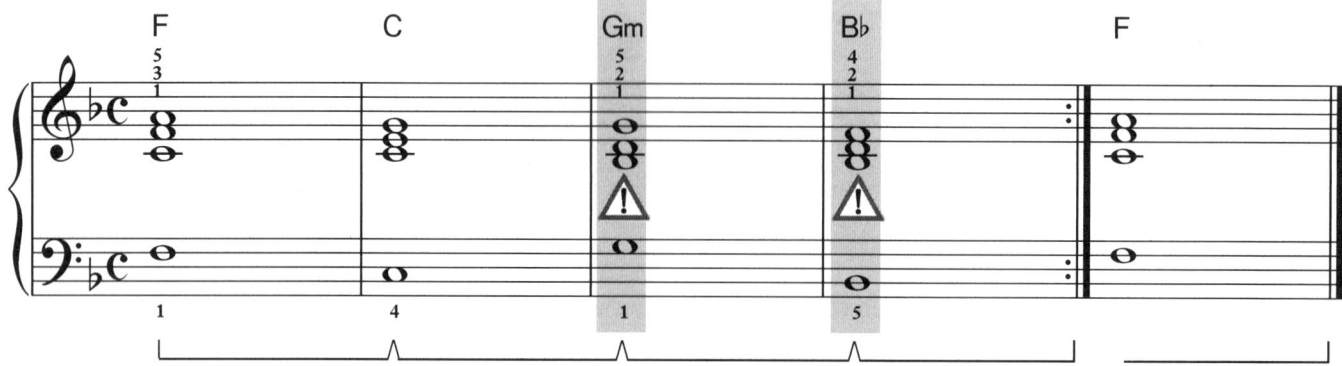

72   Pop Piano School

A B : Formteile eines Musikstücks werden häufig mit Buchstaben dargestellt.

Die Tonart F-Dur

Septakkorde

Dreiklänge können zu **Septakkorden** aufgestockt werden. Dabei kann eine *kleine* oder *große Septime* hinzukommen.

Septakkorde bestehen aus *vier Tönen*. Damit man sie auf dem Klavier leichter spielen kann, werden die Töne oft auf beide Hände verteilt:

Die rechte Hand spielt einen Dreiklang, die linke Hand den Grundton. Somit lassen sich Septakkorde auch als *Slash Chords* (vgl. S. 52) darstellen.

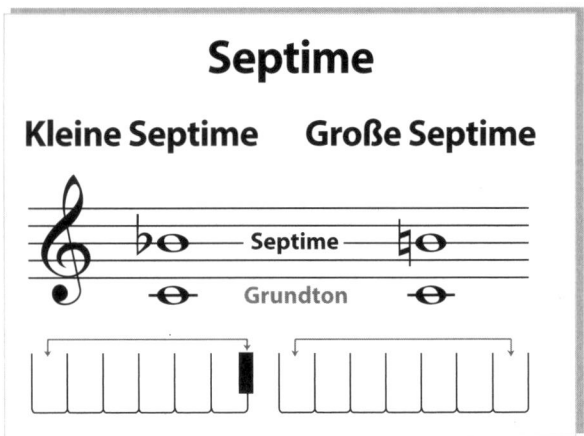

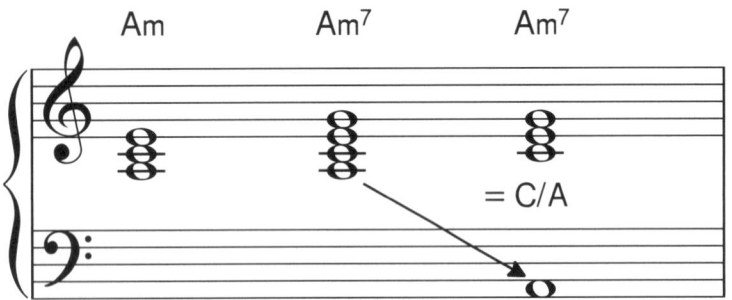

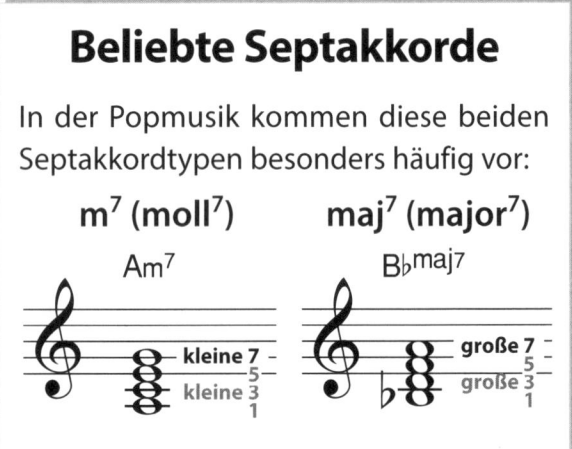

Die Dreiklänge, die nach dem *Splitting* in der rechten Hand übrig bleiben, können natürlich in *verschiedenen Lagen* (*Umkehrungen*) gespielt werden:

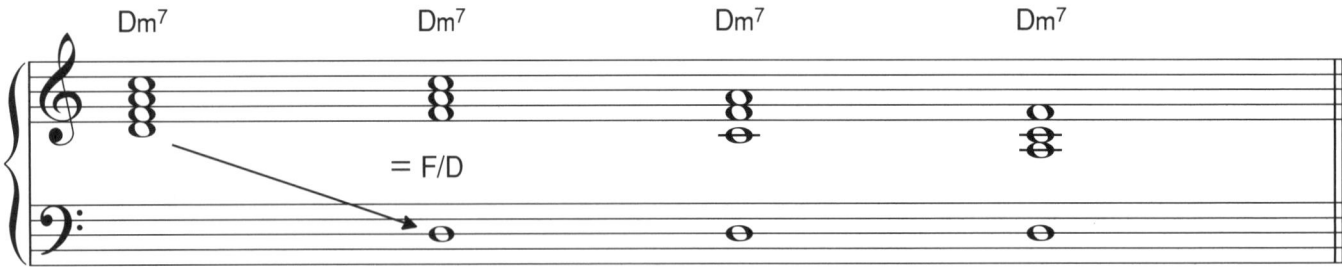

 **7** bedeutet **kleine 7** (*kleine Septime*)!
Für die **große 7** wird **major 7** geschrieben [*engl.: = große Septime*]!

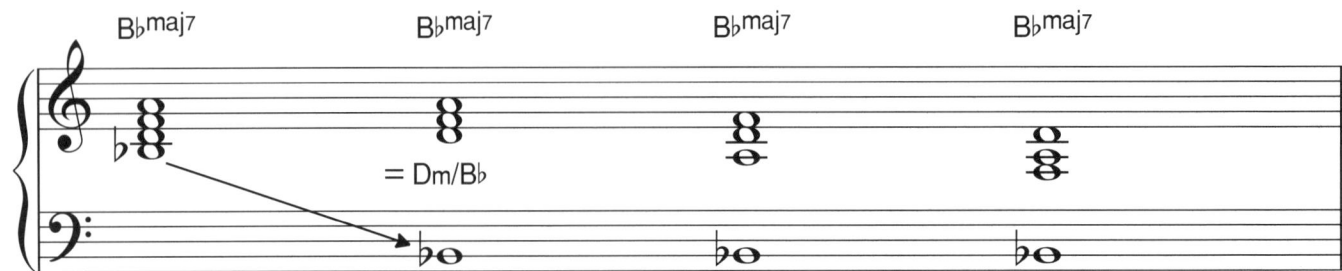

Pop Piano School

Intro: Abkürzung für introduction [engl. = Einleitung]

Die Tonart F-Dur / Septakkorde

Die Tonart G-Dur

Die **Tonart G-Dur** besteht aus diesen Tönen:

g, a, h, c, d, e, fis. Anstelle von f spielen wir fis (F♯).

Ein Stück in **G-Dur** erkennst du also am **Vorzeichen** ♯.

Vorzeichen G-Dur

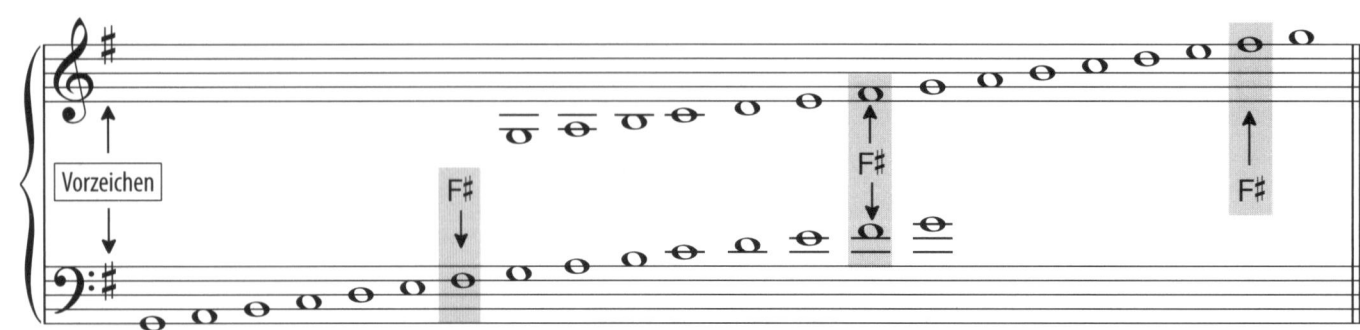

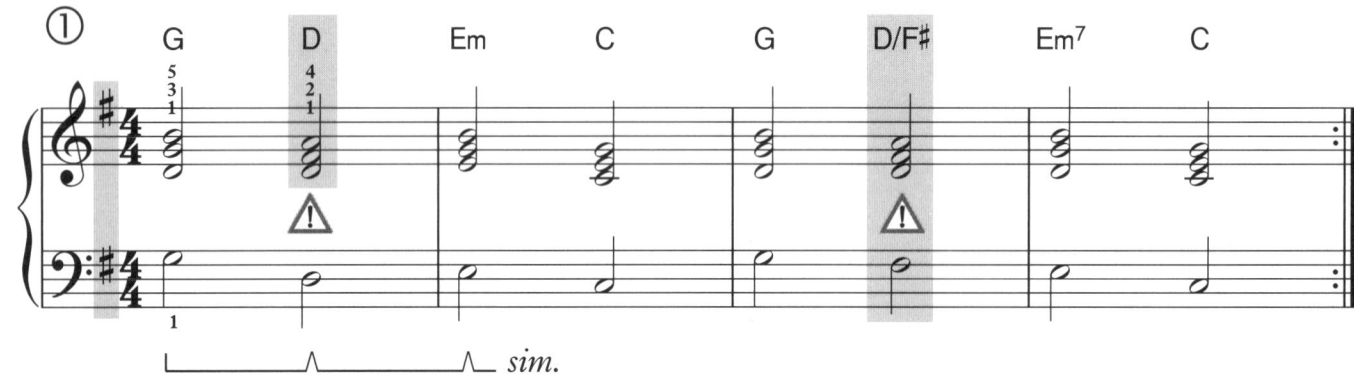

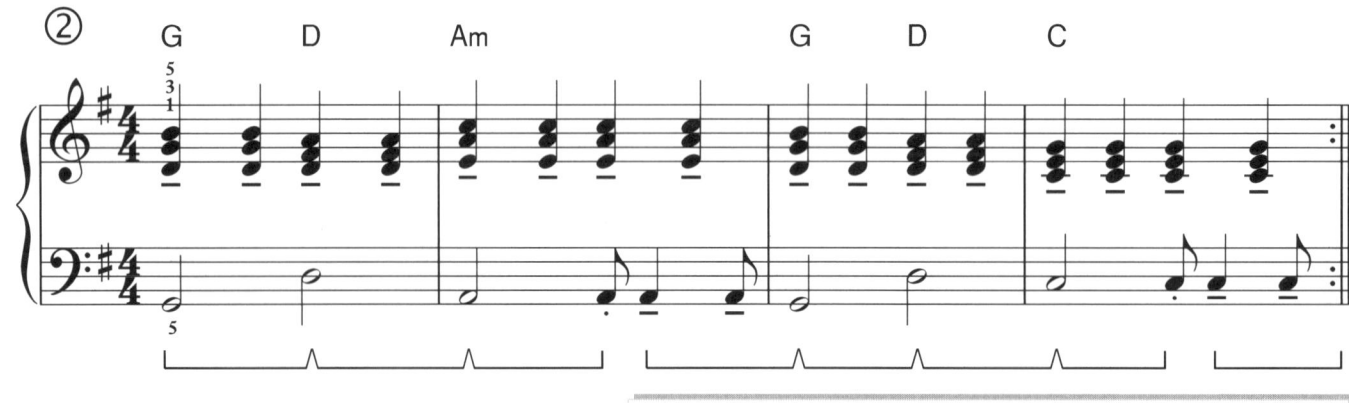

Tenuto [*italienisch: gehalten*]

Eine Note, die als *tenuto* markiert ist, muss ihrem Notenwert entsprechend ausgehalten werden.

Wie heißen die leitereigenen Dreiklänge von G-Dur? Trage die fehlenden Dreiklänge ein!

Leitereigene Dreiklänge in G-Dur

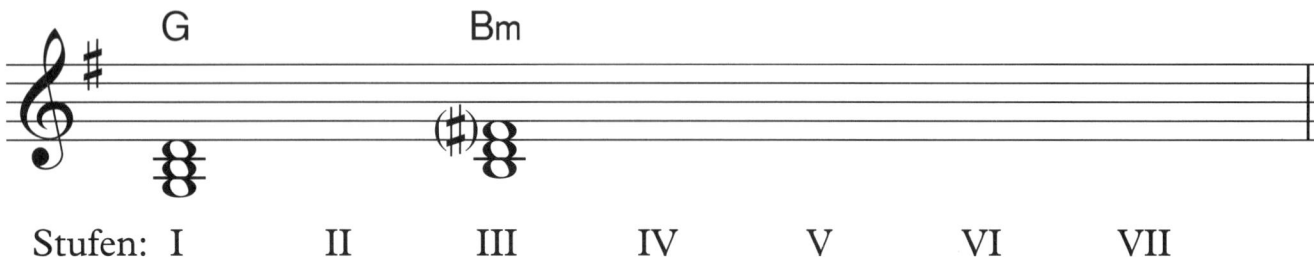

Stufen: I   II   III   IV   V   VI   VII

Pop Piano School

Summer Reggae
Florian Tekale

Coda
[italienische Bezeichnung für den Schlussteil eines Musikstücks]

Die Tonart G-Dur

Lenny's Groove

Florian Tekale

Aufgepasst! Vorzeichen gelten zwar grundsätzlich immer für alle Lagen. Sie können aber bis zum Ende des Taktes durch ein *Auflösungszeichen* aufgehoben werden.

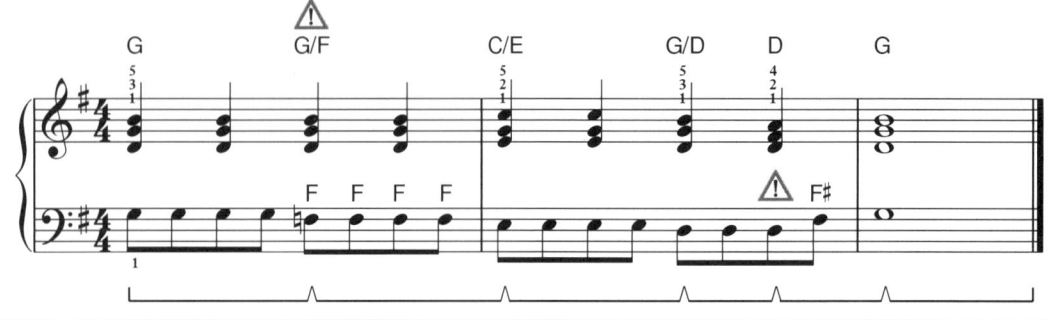

Pop Piano School

Variationen beim Akkordspiel

Es gibt verschiedene Möglichkeiten, beim Akkordspiel zu variieren:
- wechselnde Rhythmen
- Austauschen von Akkorden

Die Teile **A**, **B** und **C** unterscheiden sich rhythmisch. Die Akkordfolge ist jeweils gleich. Jeder Teil besteht aus vier Takten. Im 3. und 4. Takt jedes Teiles werden die Akkorde variiert:

z.B. durch *Austauschen des Basstones*, oder durch Bildung von *Septakkorden*.

Im **Teil C** werden die Dreiklänge der rechten Hand *gebrochen*, also nicht gleichzeitig gespielt. Das Thema *Akkordbrechung* wird auch auf der nächsten Seite behandelt ...

> **Tipp**
>
> *Die **Teile B** und **C** wirken am besten, wenn du die Zählzeiten 2 und 4 in jedem Takt **leicht betonst**. Man nennt das **Backbeat**. Diese Art der Betonung ist typisch für Pop- und Rockmusik.*

Variationen beim Akkordspiel

Akkordbrechung

Werden die Akkordtöne nicht gleichzeitig, sondern *nacheinander* gespielt, spricht man von einer *Akkordbrechung* bzw. von *gebrochenen Akkorden*.

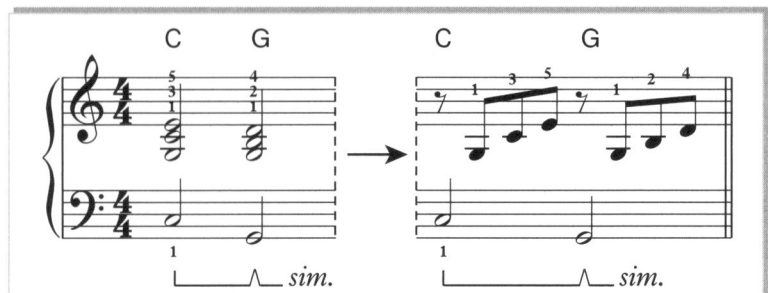

Patterns und Beispiele

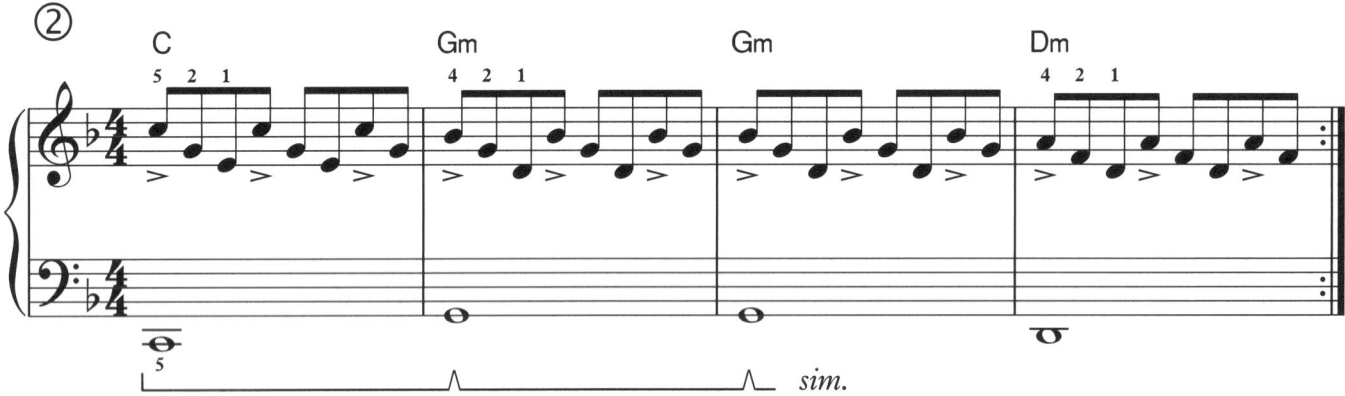

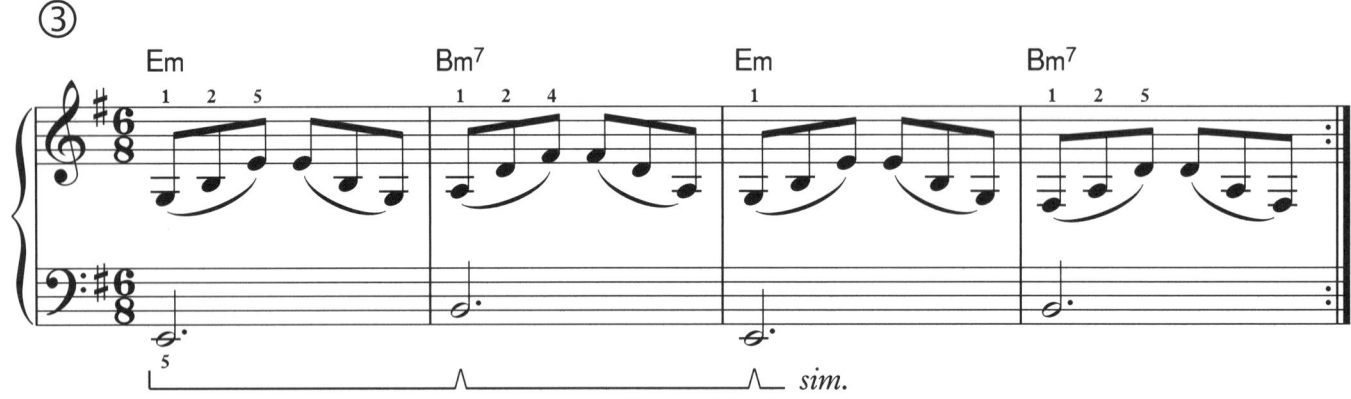

Neue Basstöne

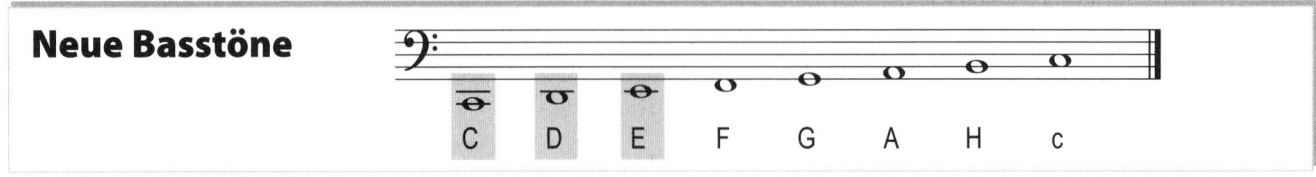

House of the Rising Sun

Traditional
Bearbeitung: Florian Tekale

Tipp

Spiel die Akkordfolge auch mal "ungebrochen", um Sicherheit beim Umgreifen zu bekommen:

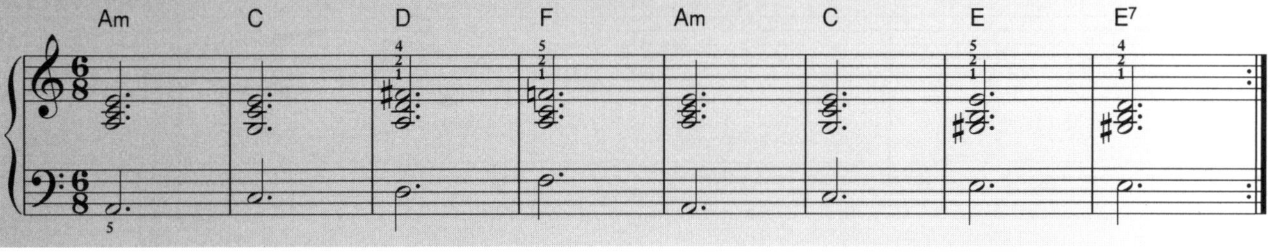

Akkordbrechung

Aufgabe:

Verwende das *Pattern* der ersten beiden Takte für die Akkordbrechung, außer an den Stellen, an denen etwas anderes angegeben ist. Um eine elegante Stimmführung zu erreichen, solltest du von manchen Akkorden *Umkehrungen* verwenden. Diese Akkordfolge kann für *Hallelujah* von *Leonard Cohen* verwendet werden.

Weitere Beispiele für Akkordbrechungen findest du auf *S. 116 ff.* im *Anhang*.

D.S. al ⊕ - ⊕ (Dal Segno al ⊕ - ⊕)

Wiederhole vom Segno-Zeichen (𝄋) und spiele bis zum ersten *Coda*-Zeichen (⊕). Spiele dann beim zweiten *Coda*-Zeichen (⊕) weiter.

Spielen nach Akkordsymbolen

Let's Be Creative

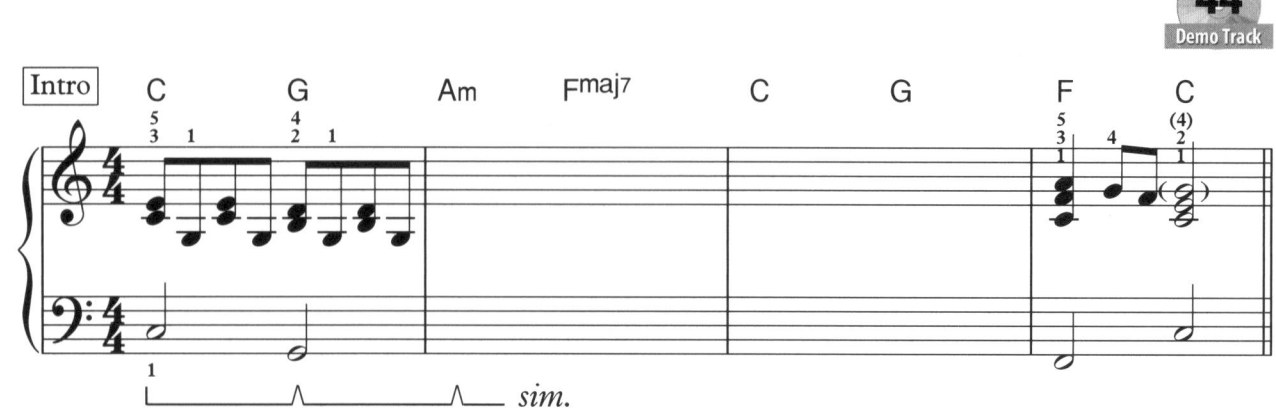

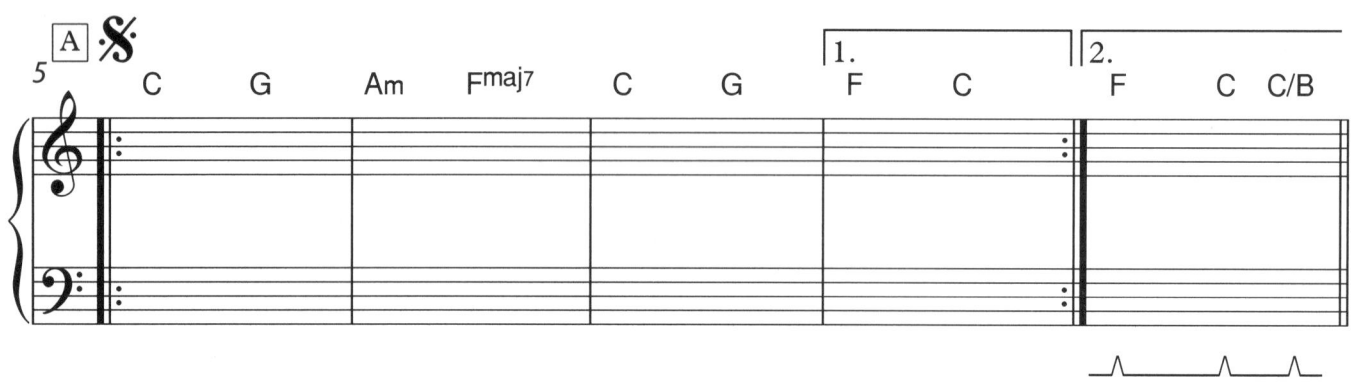

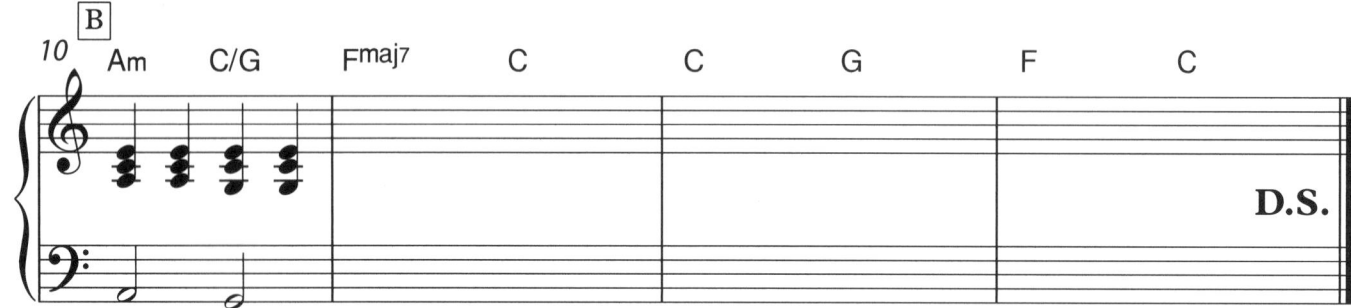

Aufgabe:

Verwende unterschiedliche *Patterns* (*gebrochene und ungebrochene Akkorde*), um dein Spiel abwechslungsreicher zu gestalten.

Die Schlussformel von Takt 4 kannst du in jedem vierten Takt spielen, um den jeweiligen Formteil „abzurunden" und dem Song eine klare Struktur zu verleihen. Dabei kann der Ton g' als Quinte des C-Dur-Akkords weggelassen werden, da die Quinte für die Unterscheidung von Dur und Moll unwichtig ist. Diese Akkordfolge kann z.B. für *Let It Be* von den *Beatles* verwendet werden.

Sus-Akkorde

Die englischen Abkürzungen **sus⁴** und **sus²** stehen für **suspended 4** bzw. **suspended 2**. Bei diesen Akkorden wird die Terz durch eine *Quarte* (4) bzw. *Sekunde* (2) ersetzt. Sus-Akkorde sorgen für Spannung innerhalb einer Akkordfolge und lösen sich in der Regel in Dur- oder Moll-Akkorde auf.

Sus²-Akkorde bleiben auch häufig unaufgelöst stehen, vor allem in der Rockmusik.

Bei Sus⁴-Akkorden ist die Spannung indes deutlich zu hören. Daher werden sie in den meisten Fällen aufgelöst. Die deutsche Bezeichnung für sus⁴ ist *Quartvorhalt*.

Die folgenden drei Übungen bestehen aus derselben Akkordfolge in verschiedenen Lagen:

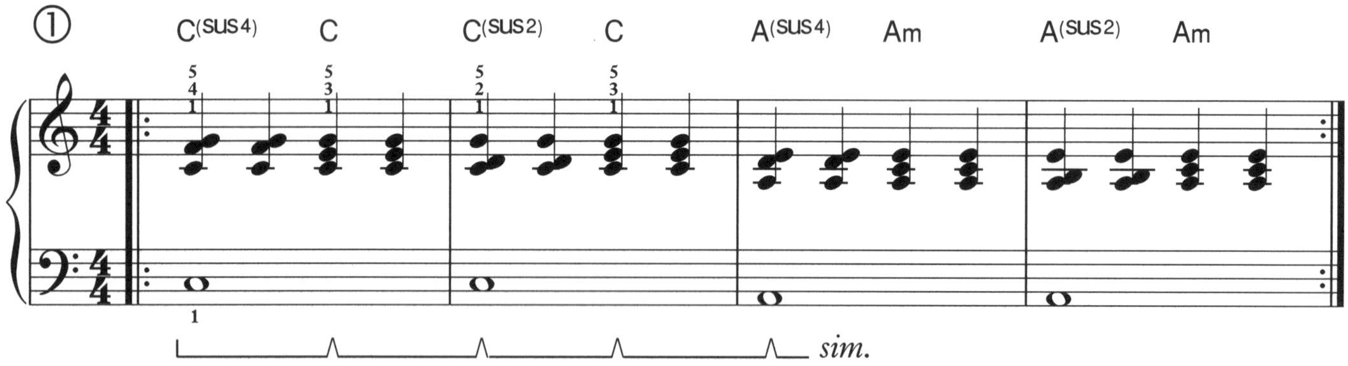

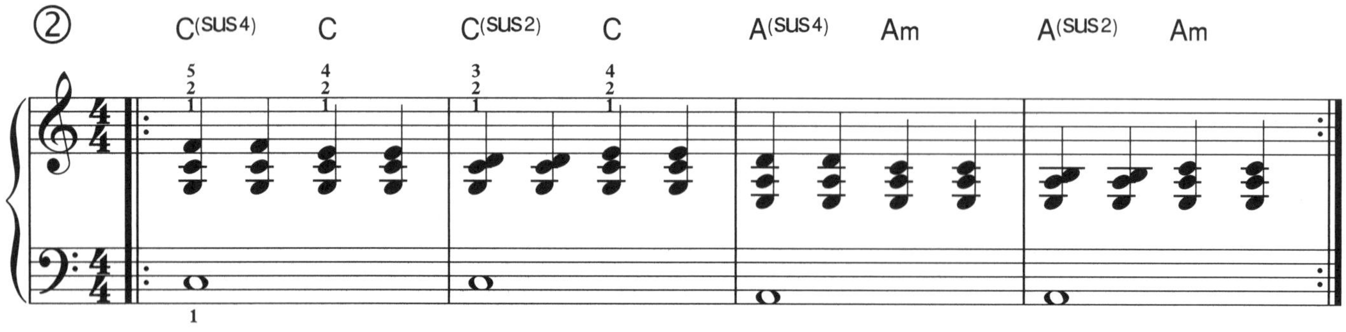

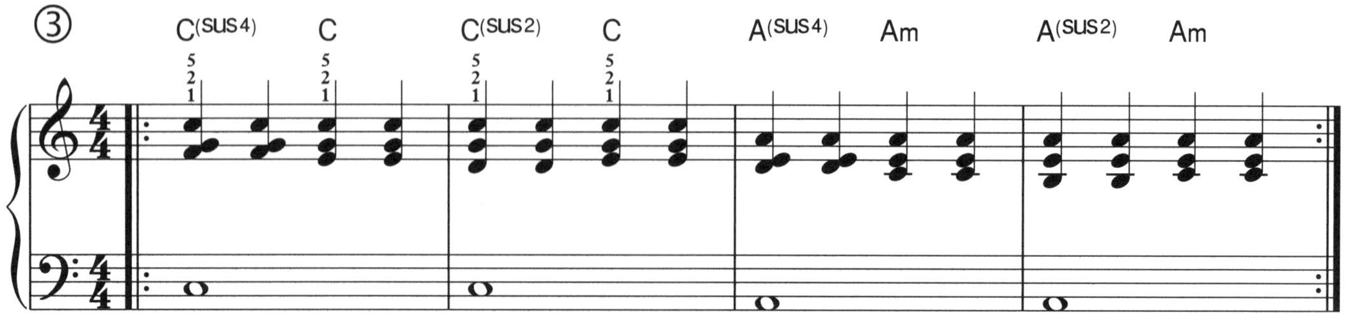

Quinten in der linken Hand

Vorübungen

①

②

Side by Side

Florian Tekale

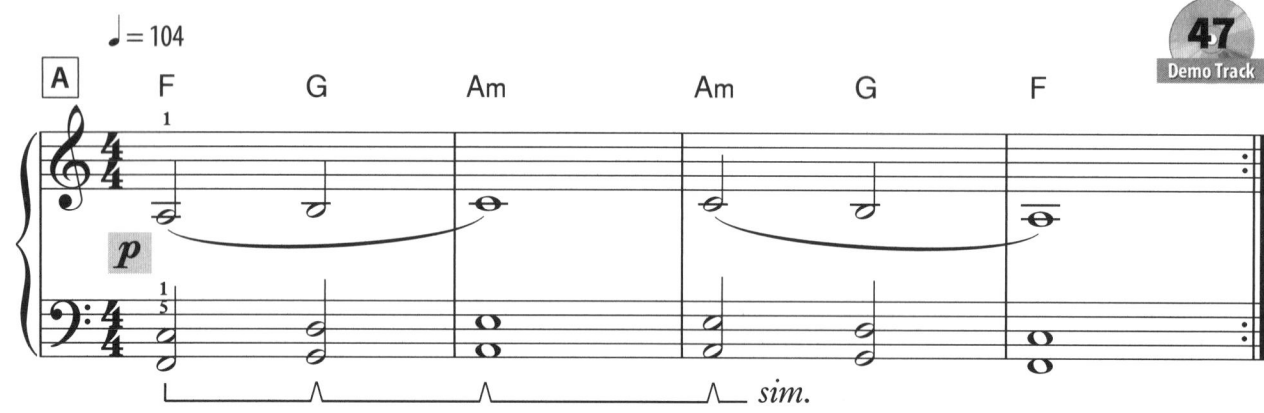

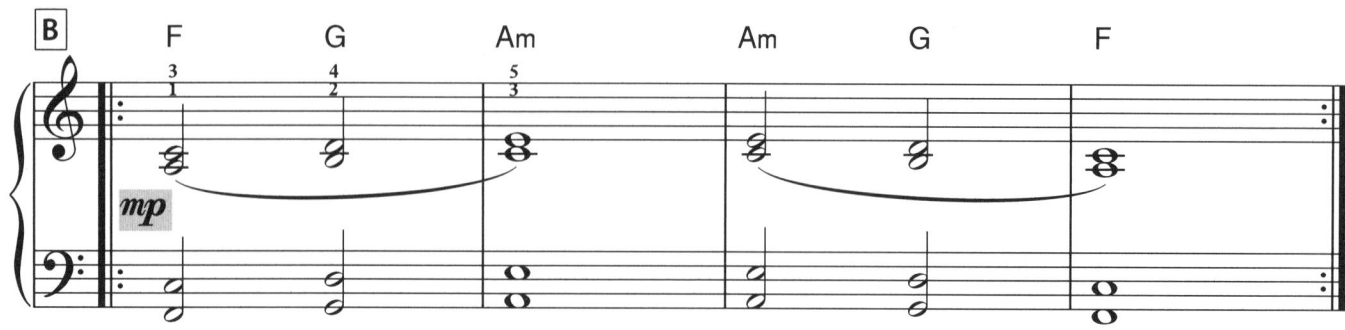

Pop Piano School

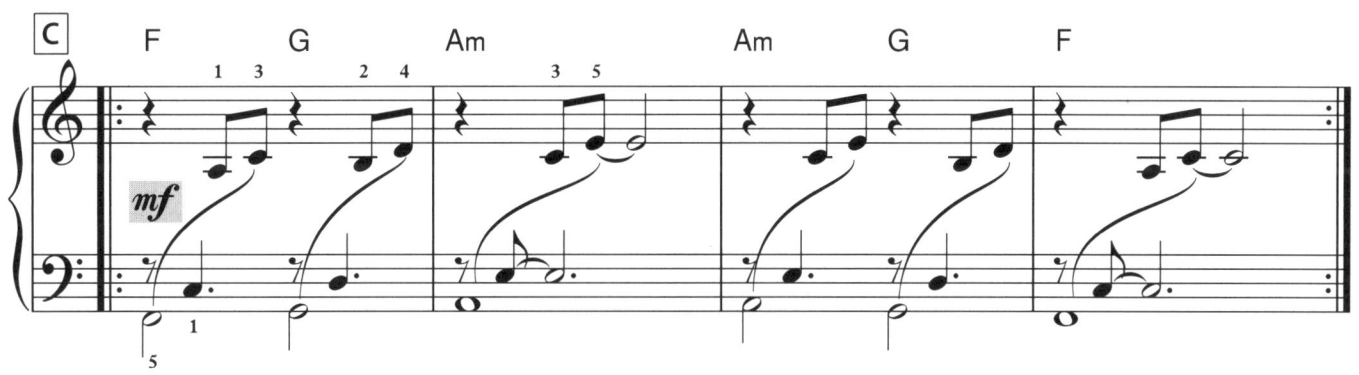

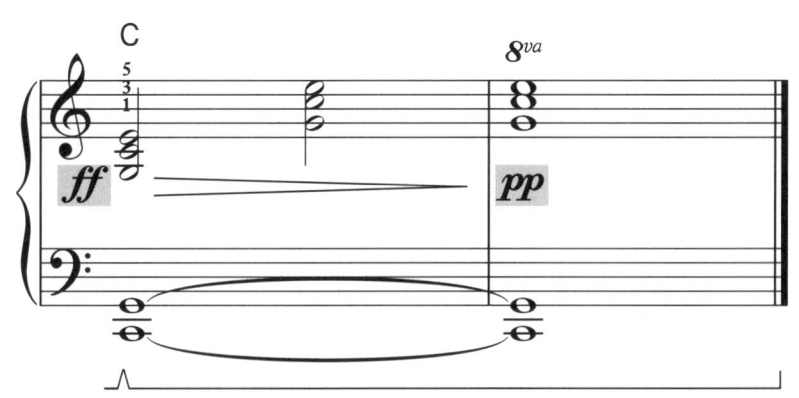

*Die Bezeichnung **Piano** für ein Klavier oder einen Flügel ist eigentlich die Abkürzung für **Pianoforte**. Die italienische Bezeichnung wurde gewählt, weil man auf dem Instrument **leise (piano)** und **laut (forte)** spielen kann, was man z.B. auf dem Cembalo nicht konnte.*

Dynamik

pp	**p**	**mp**	**mf**	**f**	**ff**
pianissimo	piano	mezzopiano	mezzoforte	forte	fortissimo
(sehr leise)	(leise)	(halbleise)	(halblaut)	(laut)	(sehr laut)

Wenn sich die Lautstärke in einem Musikstück verändert, spricht man von *Dynamik*.

Quinten in der linken Hand

Emotions

Florian Tekale

♩ = 80

mp — With pedal

p

mf — *f*

mf — *p* — *pp*

rall.

---

rall. (rallentando)
[ital.: (allmählich) langsamer werdend (ähnlich wie **ritardando**, vgl. S. 25)]

𝄾 = Sechzehntelpause
So zählt man in einem 4/4-Takt, wenn *Sechzehntelnoten* ins Spiel kommen:

1 ...   1 + ...   1 e + e ...

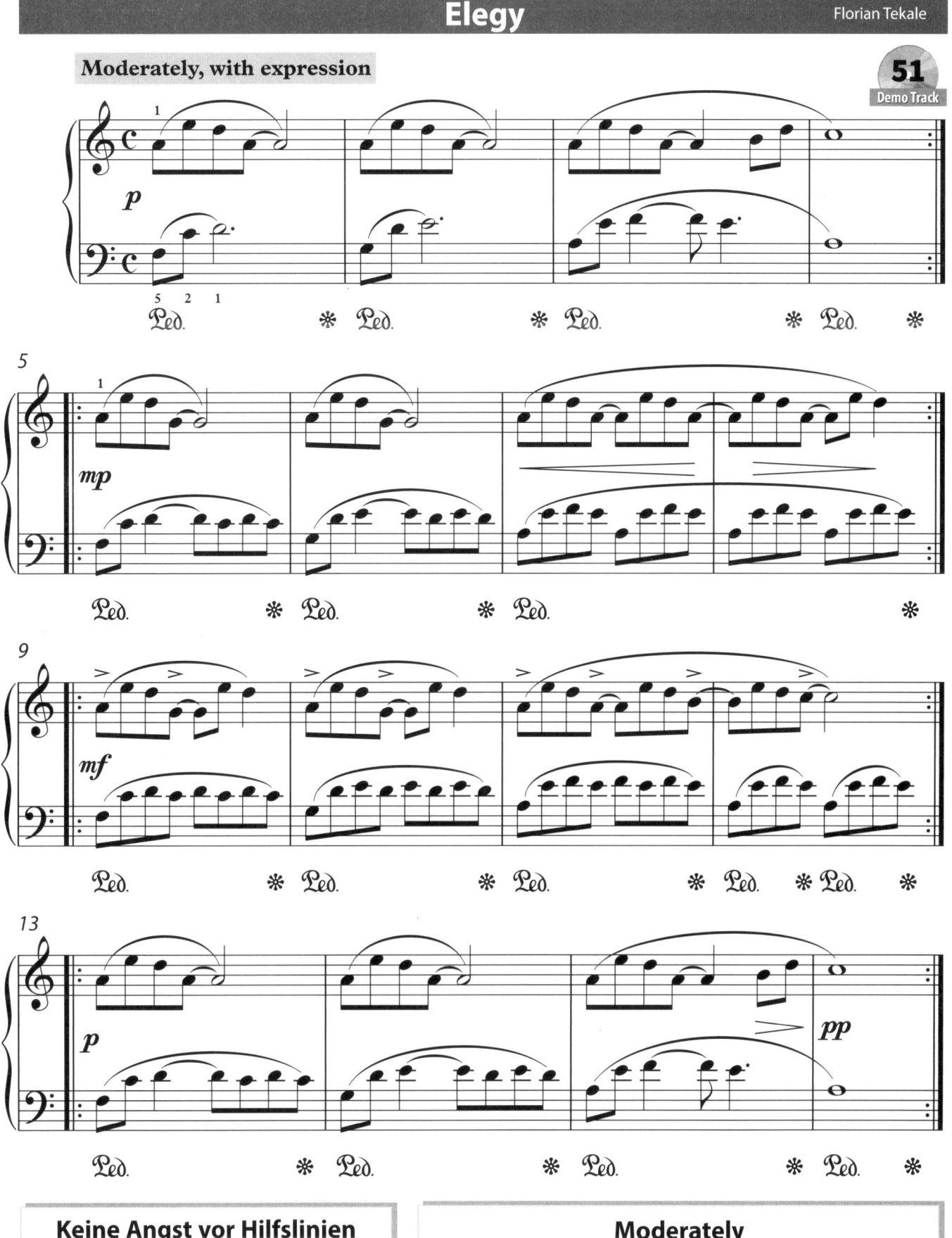

Quinten und Sexten in der linken Hand

Pop Piano School

Mrs. Sippie

Florian Tekale

Starker Akzent (∧)
Sehr starker (kurzer) Akzent.

8vb (ottava bassa)
Eine Oktave tiefer zu spielen!

Quinten und Sexten in der linken Hand

Akkorde in der linken Hand

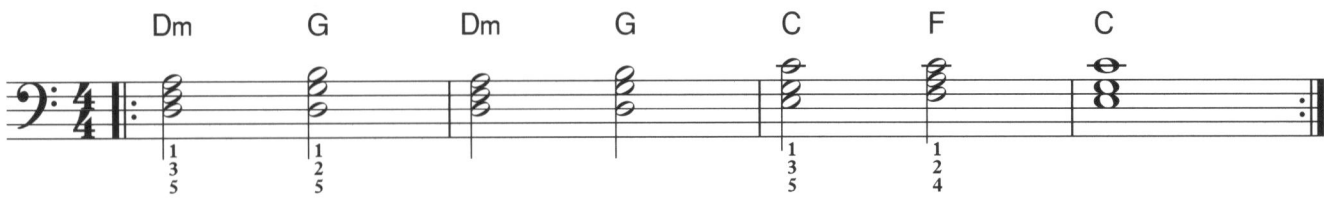

Vorübung

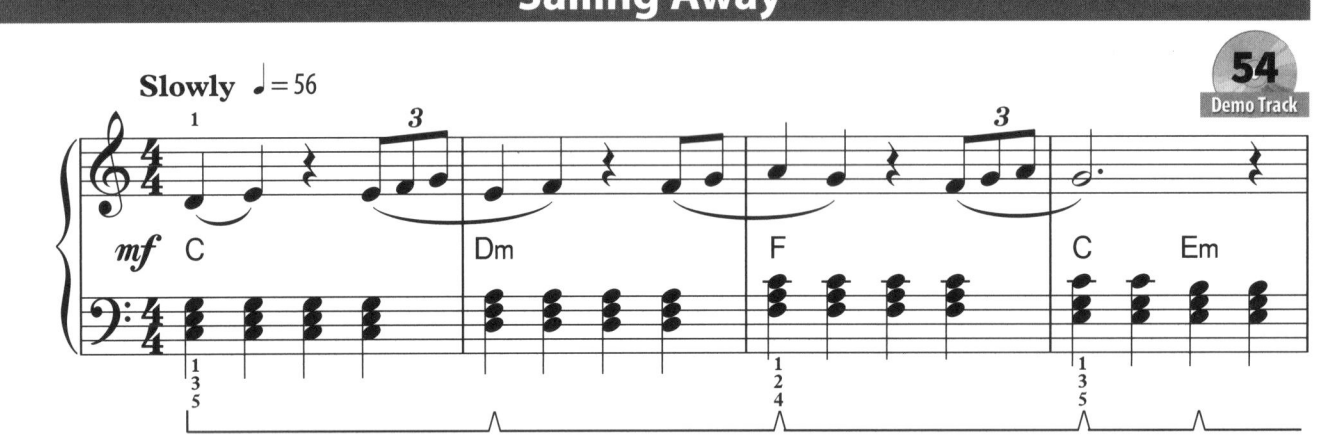

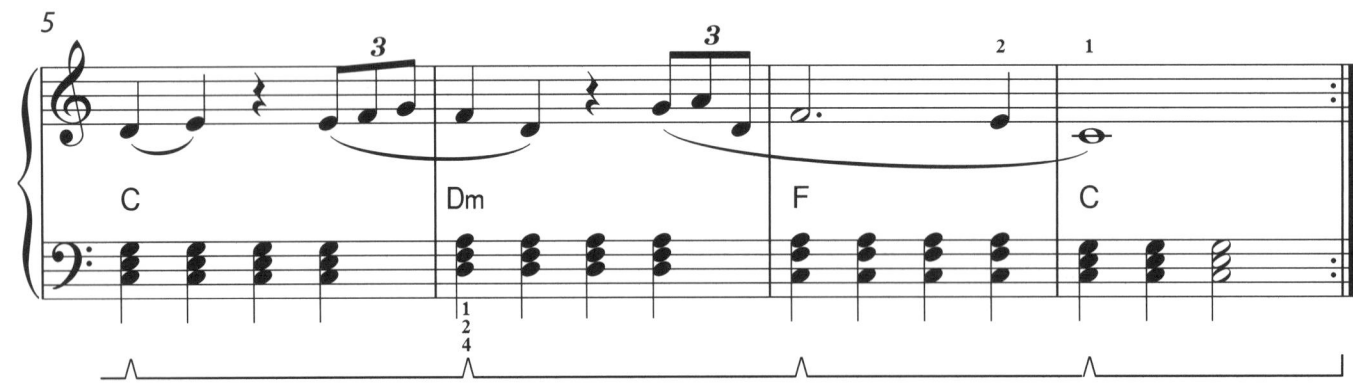

Achteltriolen

Oktaven in der linken Hand

Tipp
*Alternativ kann die linke Hand in **Piano Love** wie in **Vorübung 2** gespielt werden.*

Tipp

Say It Loud besteht aus einer Akkordfolge, die in vielen Popsongs vorkommt. Durch den Wechsel von **Single Notes** zu **Oktaven** in der linken Hand lässt sich der Song dynamisch aufbauen.

Du kannst die Akkordfolge von **Say It Loud** auch mal in anderen Tonarten probieren:
- **F-Dur** *(eine Quarte höher, beginnend mit Dm)*
- **G-Dur** *(eine Quinte höher, beginnend mit Em)*

Achtung: Schwarze Tasten! Verlasse dich daher immer auf dein Gehör!

Oktaven in der linken Hand

Powerchords in der linken Hand

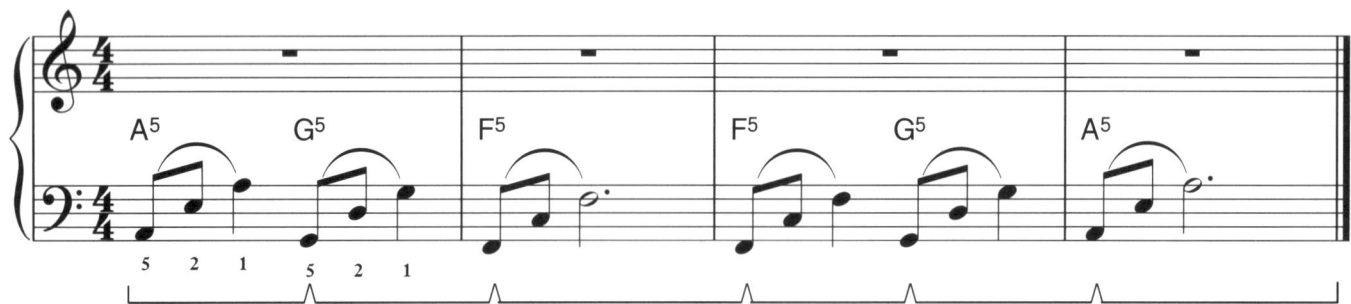

Powerchords bestehen nur aus *Grundton*, *Quinte* und *Oktave* (*Grundtonverdopplung*). Sie haben *keine Terz* und sind daher weder Dur noch Moll.
Powerchords lassen sich jedoch zu vollwertigen Dur- und Moll-Akkorden ergänzen, wenn die *rechte Hand* eine große oder kleine Terz dazu spielt (*siehe Übung 3 und 4*).
Bei Balladen, also langsameren und getrageneren Stücken, werden die Powerchords oft als *gebrochene Akkorde* gespielt.

Broken Powerchords

Patterns für Stücke im 4/4-Takt

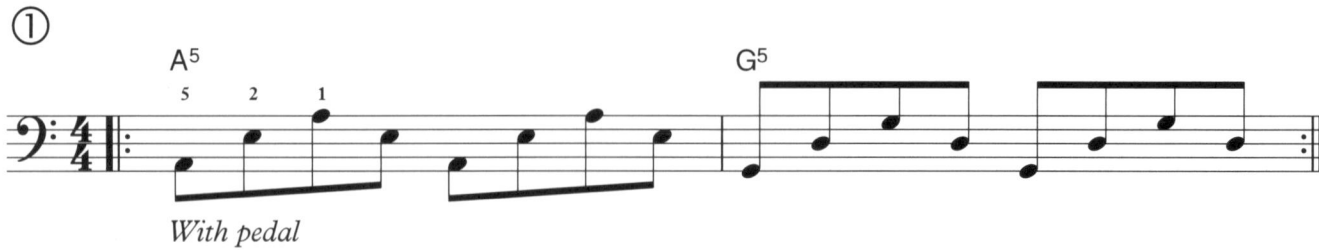

Pattern 1 eignet sich auch für halbtaktige Akkordwechsel.

Aufgabe:
Hier kannst du selber ein bisschen experimentieren …
Variiere die linke Hand zu dieser Melodie! Du kannst die oben abgebildeten Patterns verwenden.

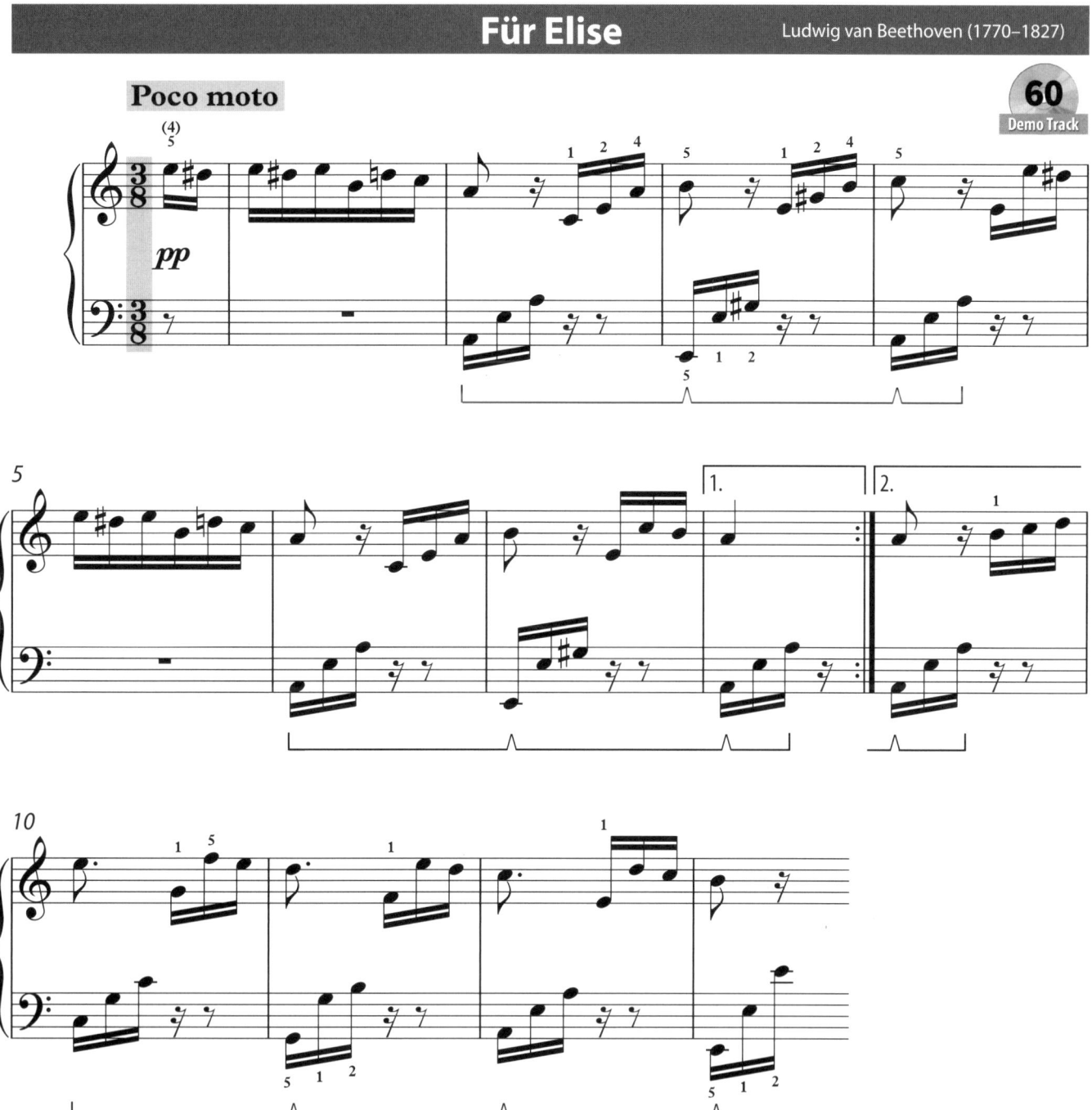

... das ist der Anfang eines echten Klassikers!

Beethovens *Für Elise* ist wohl eines der populärsten Klavierstücke aller Zeiten. Was du hier oben siehst, sind die ersten 14 Takte des Originals (keine Vereinfachung!).

Einige Griffe in der linken Hand dürften dir jetzt bekannt vorkommen. Was Beethoven gemacht hat, war die Grundlage für viele Pianisten nach ihm, auch für Pop-Pianisten. Obwohl das Stück bereits 1810 komponiert wurde, klingt es heute immer noch zeitgemäß.

Der 3/8-Takt

Diese Taktart ist heute eher ungewöhnlich. Das ist aber kein Problem, denn die Zählweise ist ähnlich wie beim **3/4-Takt** – du zählst statt Vierteln eben Achtel: 1 + 2 + 3 + ...

Poco moto

[*ital.: ein bisschen bewegt*]
mittelschnelles Tempo,
um die 100 bpm.

Broken Powerchords

Happy Ending

Florian Tekale

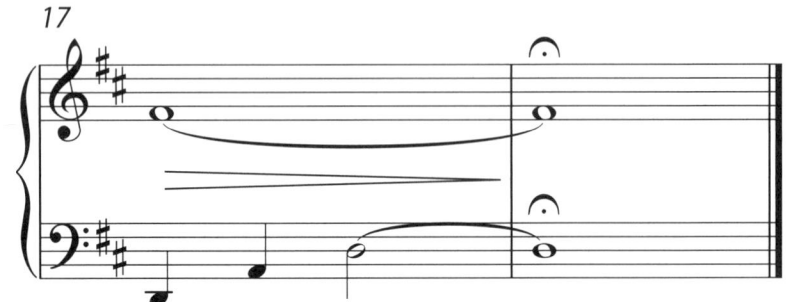

Die Tonart D-Dur

D-Dur besteht aus den Tönen
d – e – fis – g – a – h – cis.
Du erkennst die Tonart D-Dur an
den **zwei Kreuz-Vorzeichen**.

Tonartwechsel

Man unterscheidet zwischen **Dur-** und **Moll-Tonarten** (→ *Tongeschlecht*).
Zu jeder Dur-Tonart gibt es eine *parallele Moll-Tonart*, welche dieselben Vorzeichen teilt.

In aufsteigender Reihenfolge ergeben die Töne einer Tonart die entsprechende Tonleiter. Die Moll-Tonleiter beginnt immer eine *kleine Terz tiefer* als die dazugehörige *parallele Dur-Tonleiter*.

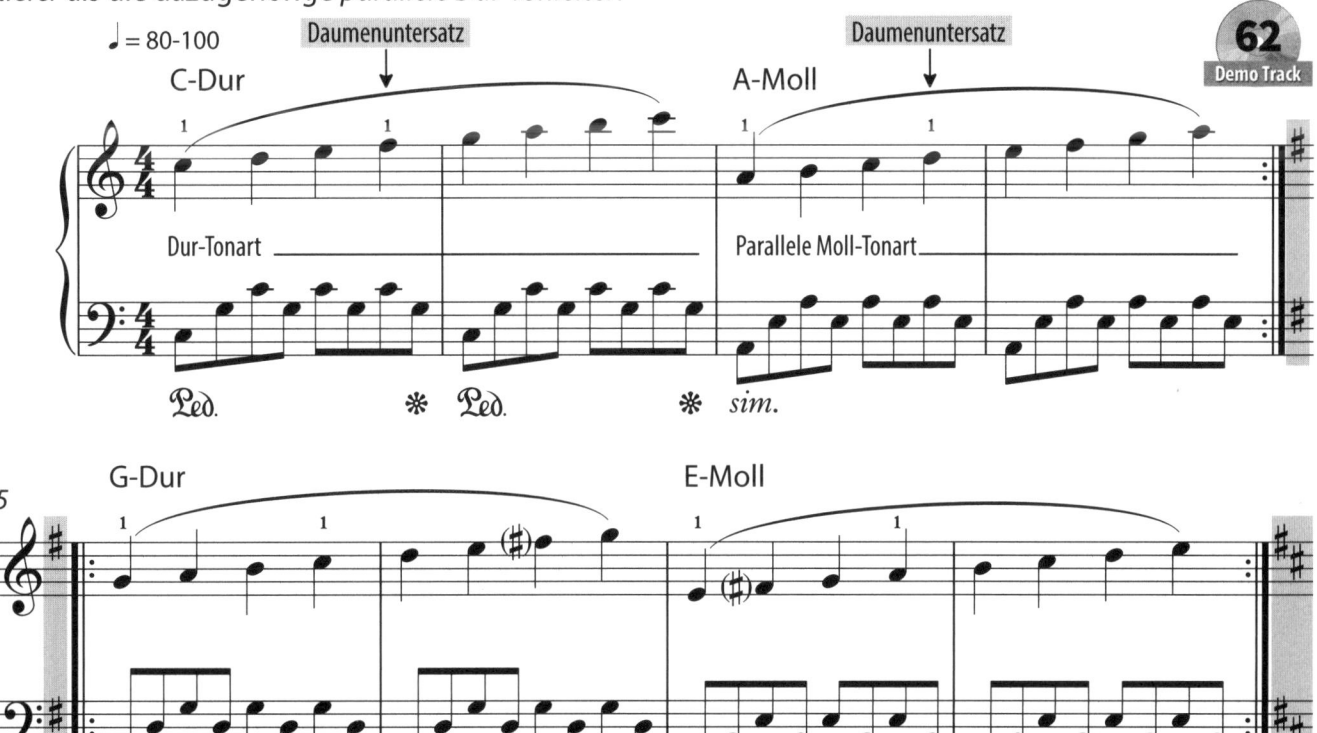

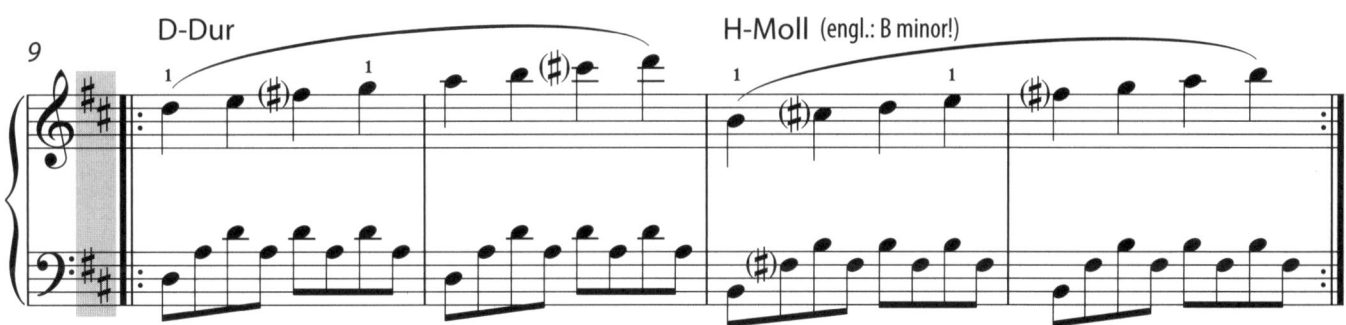

Daumenuntersatz

Tonleitern auf dem Klavier spielt man häufig mit *Daumenuntersatz*. Diese Technik dient der Vorbereitung von *Lagenwechseln* und ermöglicht ein besseres Legato-Spiel über Fünftonräume hinaus (*siehe Abbildung rechts*).

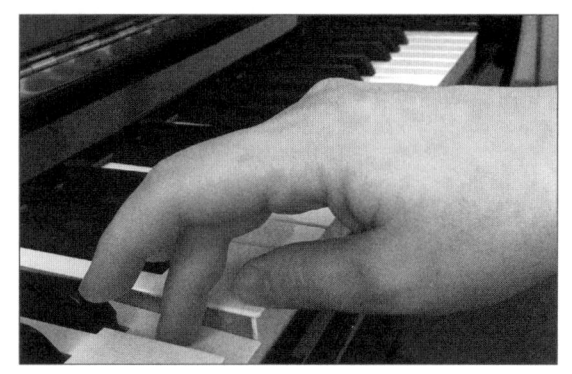

Tonartwechsel

Dur- und Moll-Tonleitern

C-Dur-Tonleiter

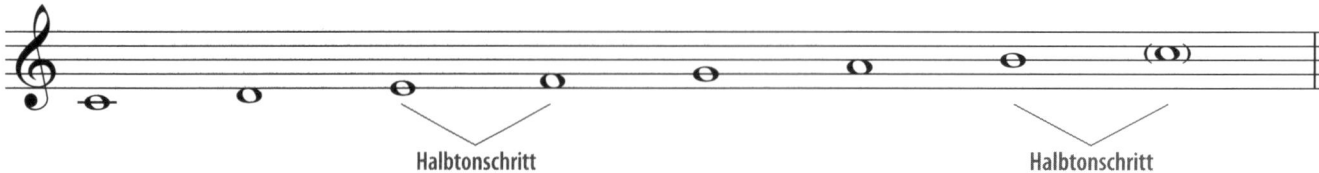

C-Moll-Tonleiter (dieselben Vorzeichen wie Es-Dur)

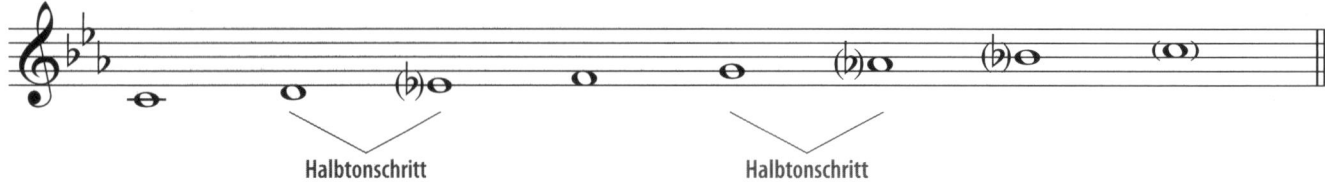

Exercise #1
Florian Tekale

Beachte den **Violinschlüssel in der linken Hand** und den **Tonartwechsel nach C-Moll** im B-Teil!

C-Dur über 2 Oktaven

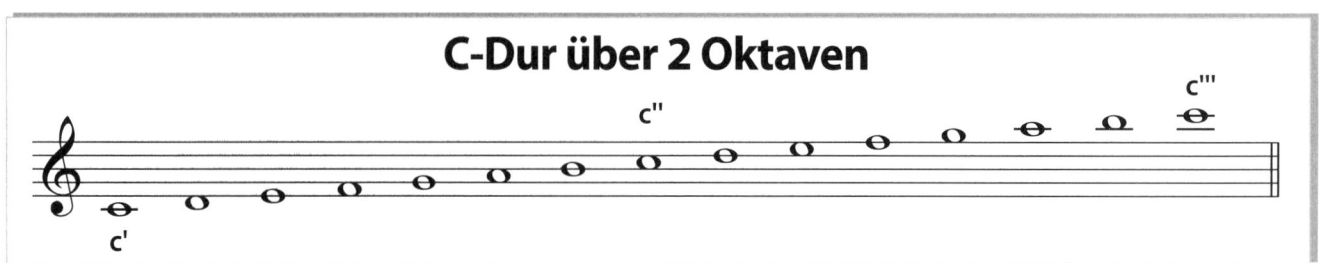

Daumenuntersatz und Fingerübersatz

Fingerübersatz

Bei *aufwärts* gespielten Tonfolgen, die über den Fünftonraum hinausgehen, spielst du mit *Daumenuntersatz (vgl. S. 105)*. In der Gegenrichtung *abwärts* setzt du einen Finger über den Daumen *(siehe Abbildung rechts)*.

Für den *Fingerübersatz* eignen sich die Finger 2, 3 oder 4.

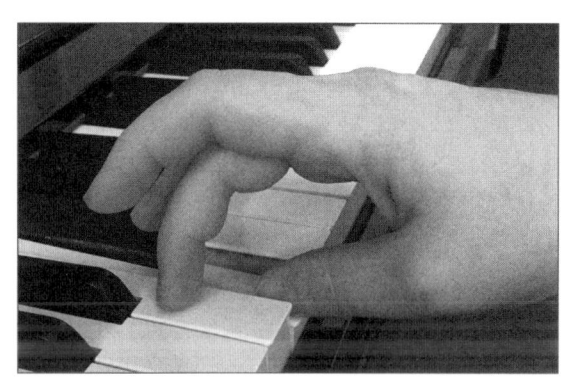

In der *linken Hand* von **Exercise #3** findest du einen sogenannten **Walking Bass**. Diese Übung wird vor allem den Linkshändern unter euch gefallen …

Du kannst **Exercise #3** auch mal in **C-Moll** probieren. Denk dir einfach die drei ♭-Vorzeichen hinzu. Der *Fingersatz* für die Akkorde und die linke Hand kann in **C-Moll** genauso verwendet werden.

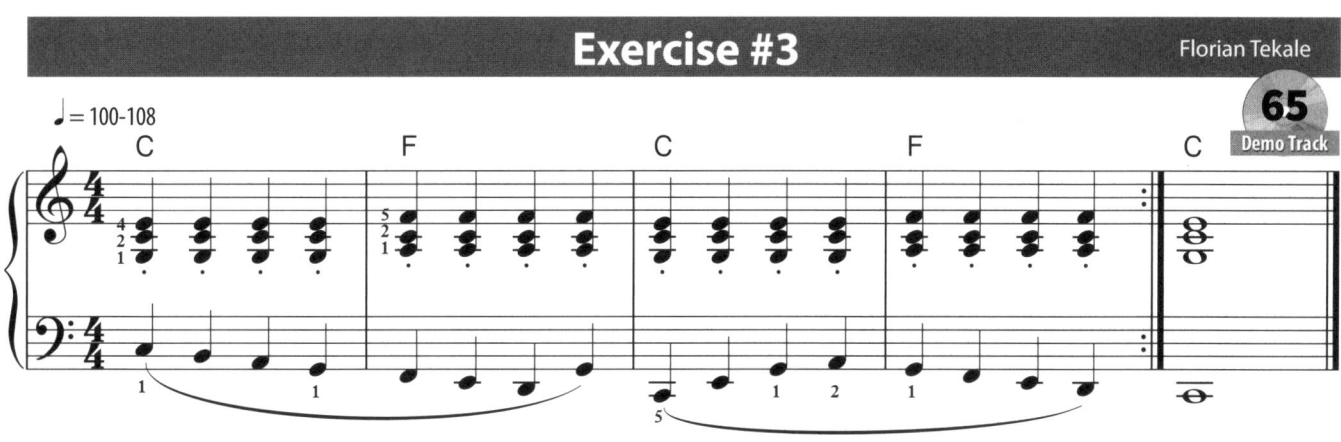

Daumenuntersatz und Fingerübersatz

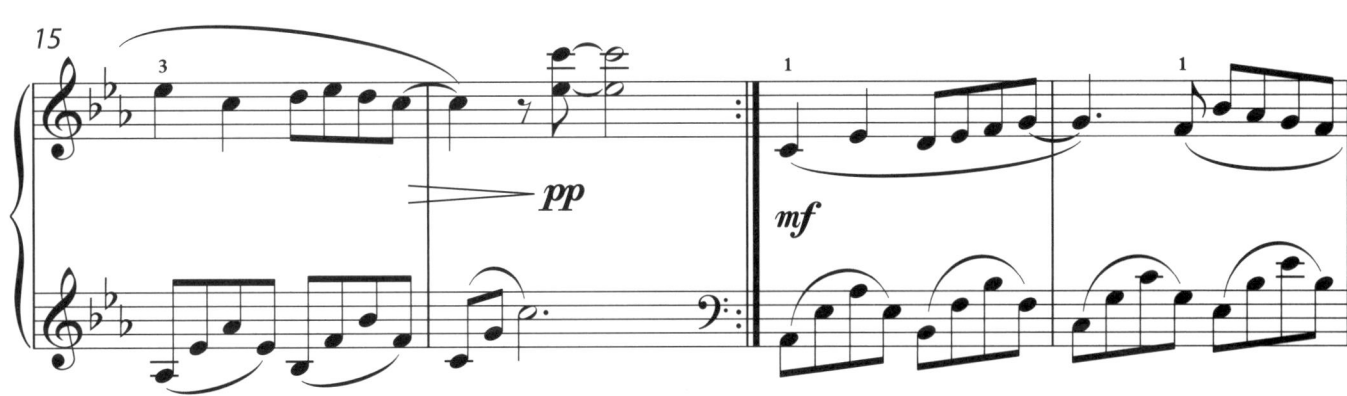

Daumenuntersatz und Fingerübersatz

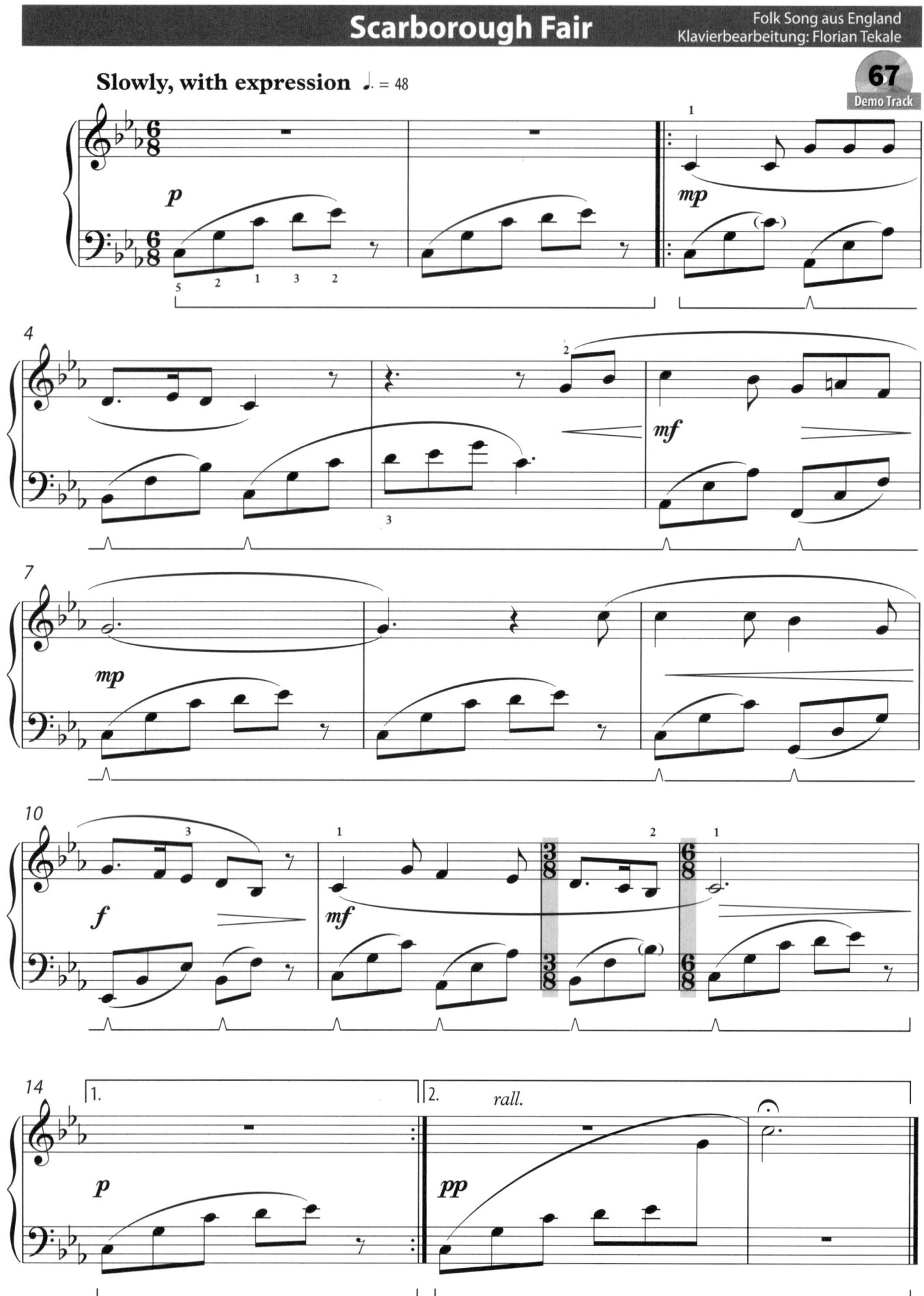

Scarborough Fair
Folk Song aus England
Klavierbearbeitung: Florian Tekale

Beachte den **Taktwechsel** in Takt 12/13!

3/4-Takt – 6/8-Takt: Wo liegt der Unterschied?

Morning Has Broken

Gälischer Folk Song
Klavierbearbeitung: Florian Tekale

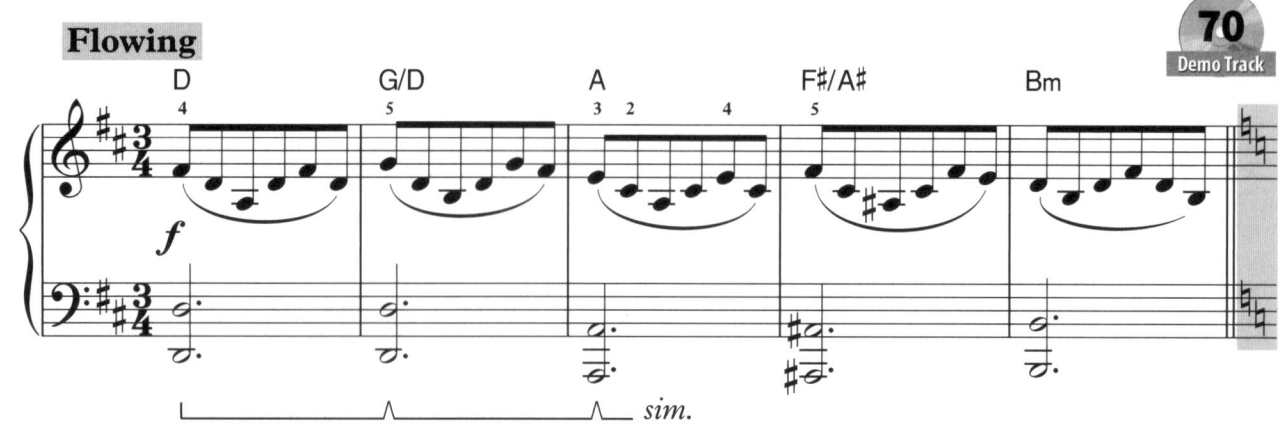

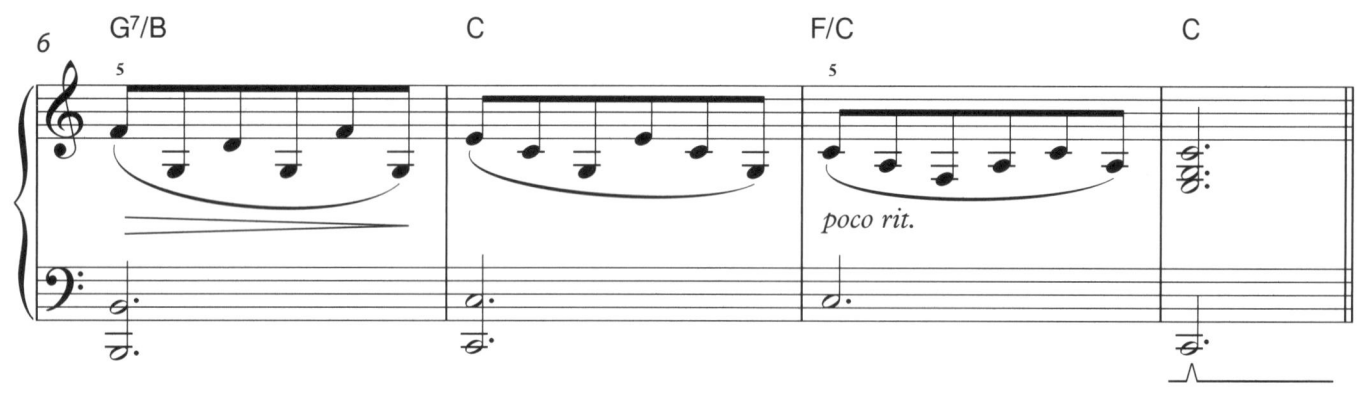

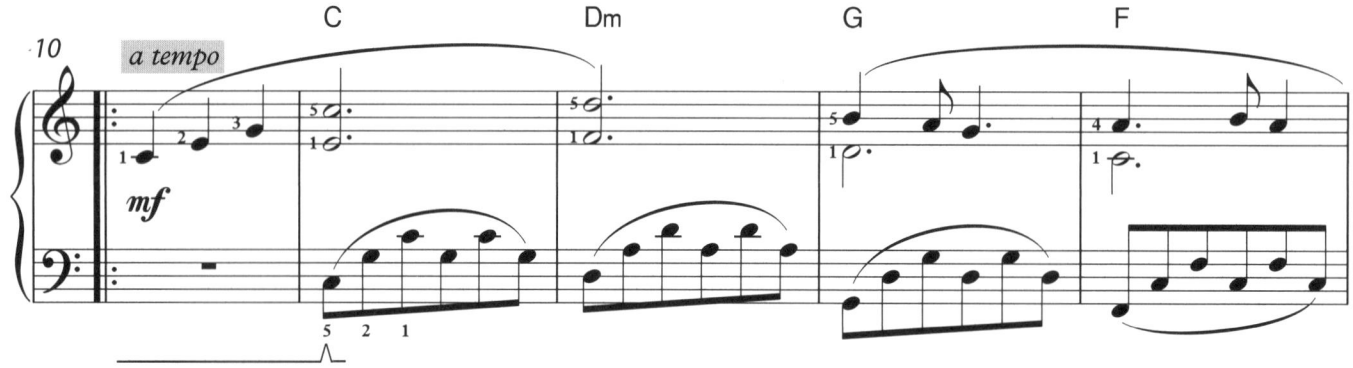

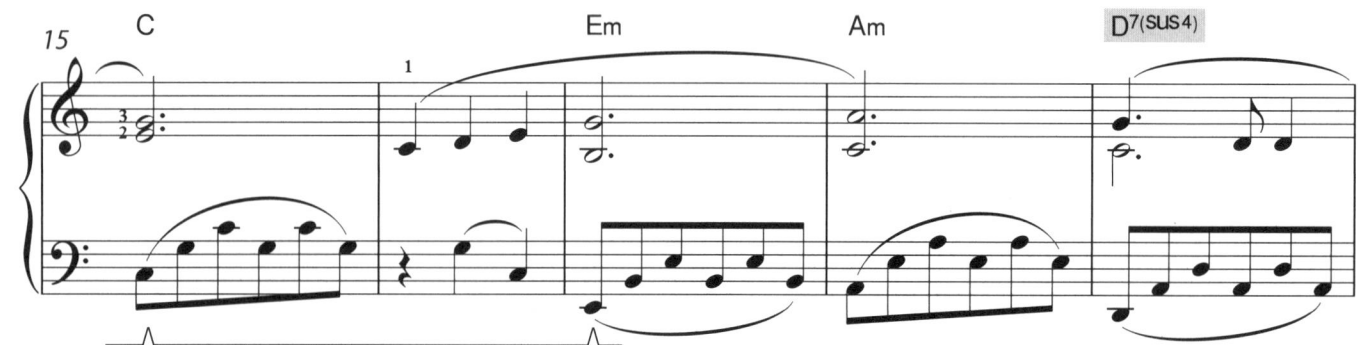

Flowing [engl.: = fließend]
Tempoangabe: Das Stück ist in einem gleichmäßig fließenden Tempo zu spielen.

a tempo [ital.: = im Tempo]
Wiederaufnahme des vorherigen Tempos, z. B. nach einem *ritardando*.

Septakkord mit Quartvorhalt

3/4-Takt – 6/8-Takt

Anhang

Häufig verwendete Akkordfolgen in der Popmusik

Die *Beispiele 1 bis 6* zeigen einige der gängigsten Akkordverbindungen aus der Popmusik. Die Akkordfolgen hier sind alle in C-Dur. Je nach Song können diese natürlich auch in anderen Tonarten stehen. Die Akkorde können auch von Song zu Song leicht variieren. Auch beim Taktschema sind Variationen möglich: So können die Akkorde z.B. taktweise, nach zwei Takten oder halbtaktig wechseln.

Zu jeder dieser „**Pop-Formeln**" habe ich eine Liste mit Songs hinzugefügt, in denen diese Akkordverbindungen vorkommen.

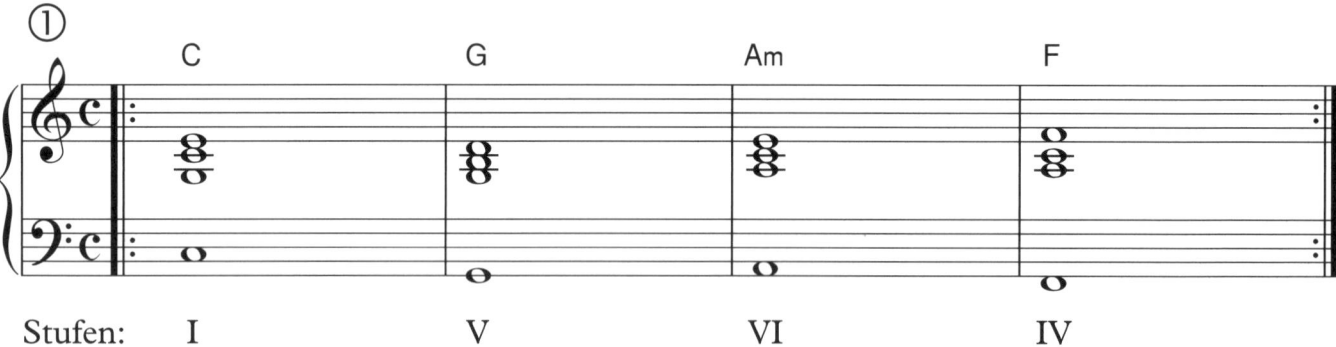

Stufen: I V VI IV

Let it Be (The Beatles), *My Love is Your Love* (Whitney Houston), *No Woman No Cry* (Bob Marley) *Forever Young* (Alphaville), *Someone You Loved* (Lewis Capaldi), *Country Roads* (John Denver) u.a.

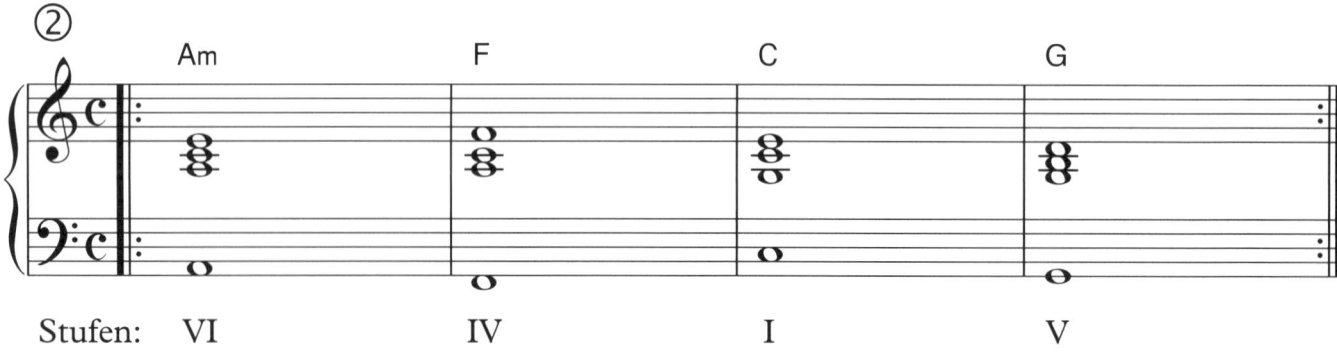

Stufen: VI IV I V

All of Me (John Legend), *Read All About It* (Emeli Sandé), *Faded* (Alan Walker), *Perfect* (Ed Sheeran), *Despacito* (Luis Fonsi), *Africa* (Toto), *Apologize* (OneRepublic), *River Flows In You* (Yiruma) u.a.

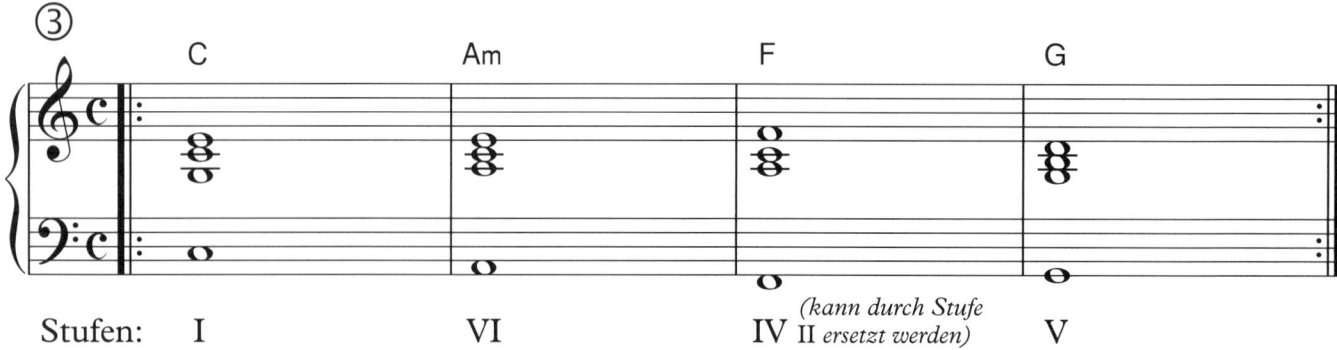

Stufen: I VI IV *(kann durch Stufe II ersetzt werden)* V

Stand by Me (Ben E. King), *Every Breath You Take* (The Police), *Perfect* (Ed Sheeran), *Wonderful World* (Sam Cooke), *Bohemian Rhapsody* (Queen), *Million Reasons* (Lady Gaga) u.a.

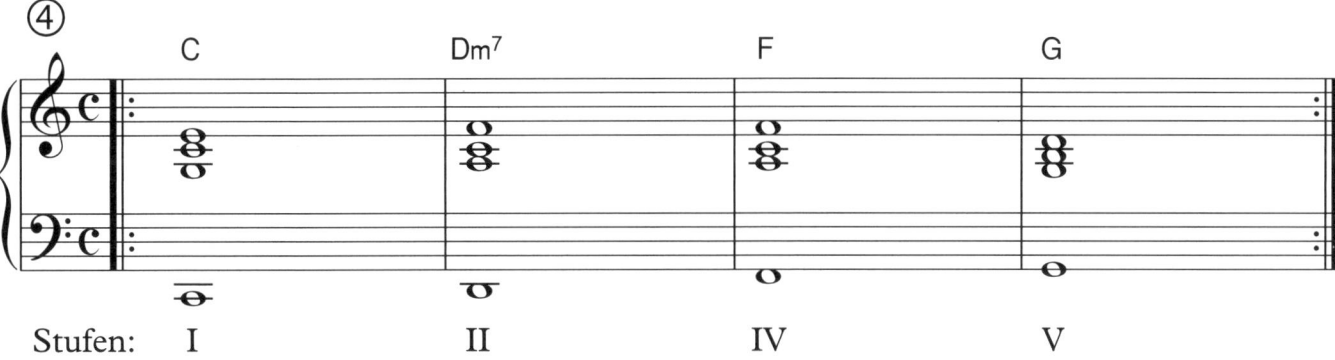

Love Is All Around (The Troggs, Wet Wet Wet), *Back for Good* (Take That), *Upside Down* (Jack Johnson), *99 Luftballons* (Nena) u.a.

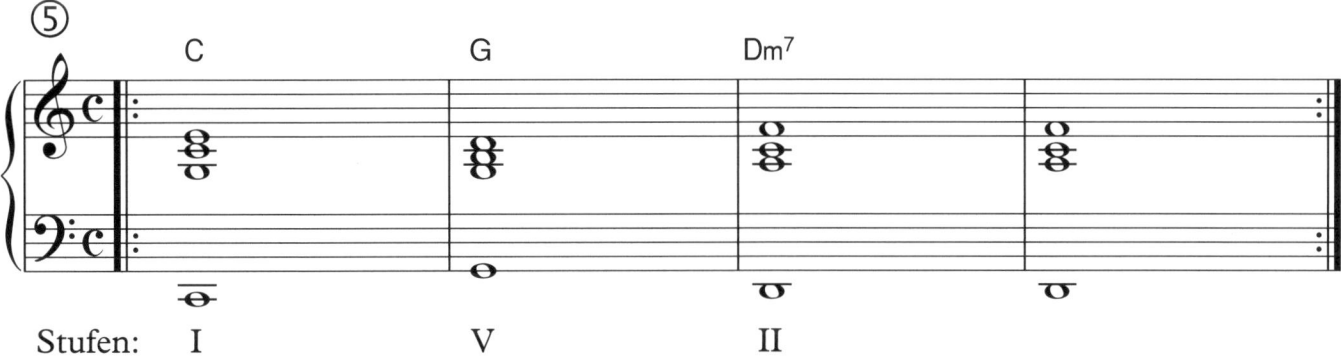

Knocking on Heaven's Door (Bob Dylan, Guns N' Roses), *Life Is a Rollercoaster* (Ronan Keating) u.a.

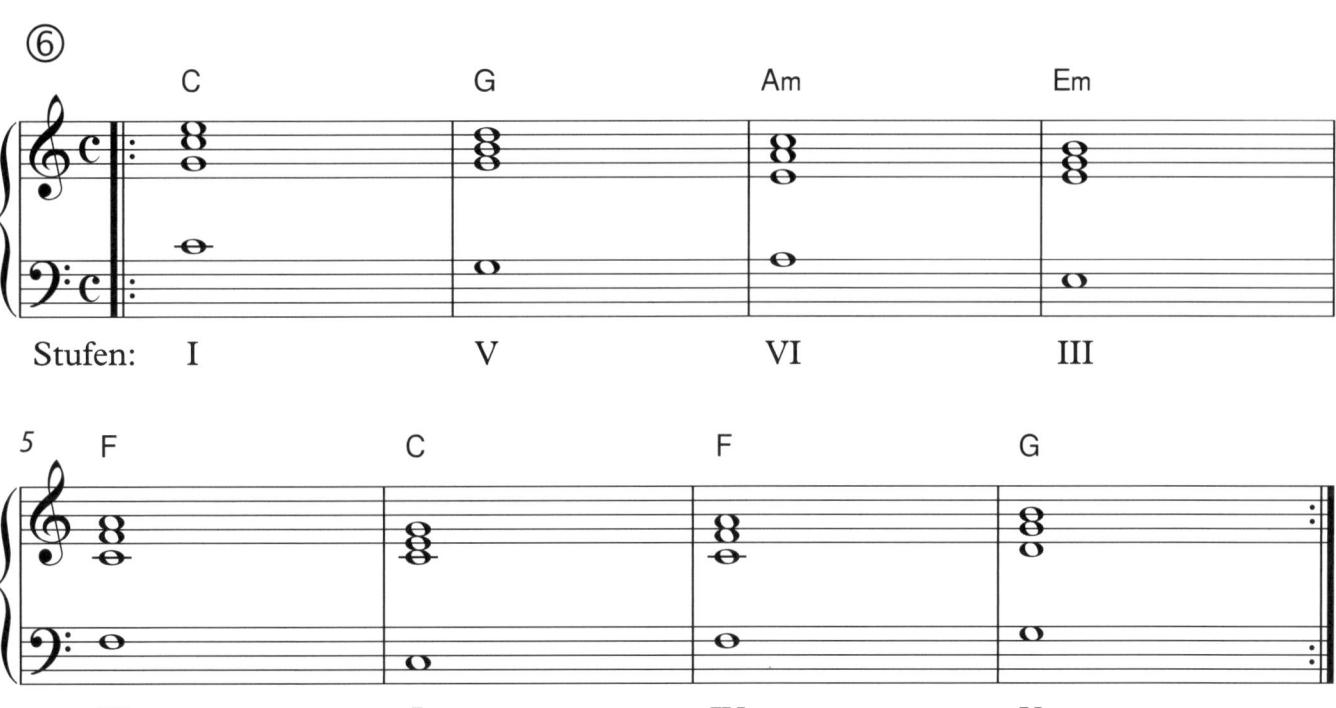

Go West (Village People, Pet Shop Boys), *Basket Case* (Green Day), *Memories* (Maroon 5) u.a.

Beispiel 6 beinhaltet die sogenannte *Pachelbel-Formel*. Benannt ist sie nach dem Nürnberger Barockkomponisten Johann Pachelbel (1653–1706). Pachelbel verwendete diese Akkordfolge in seinem berühmten *Kanon* (*in D-Dur*). Bis heute greifen Komponisten immer wieder auf die Pachelbel-Formel zurück, auch in der Popmusik.

Anhang: Häufig verwendete Akkordfolgen

Akkordbrechungen

Patterns

Hier findest du weitere Patterns für Akkordbrechung, als Ergänzung zu S. 80–85.

Wenn du *Pattern 1* eine Oktave tiefer spielst, erinnert der Sound an *Imagine* von John Lennon.

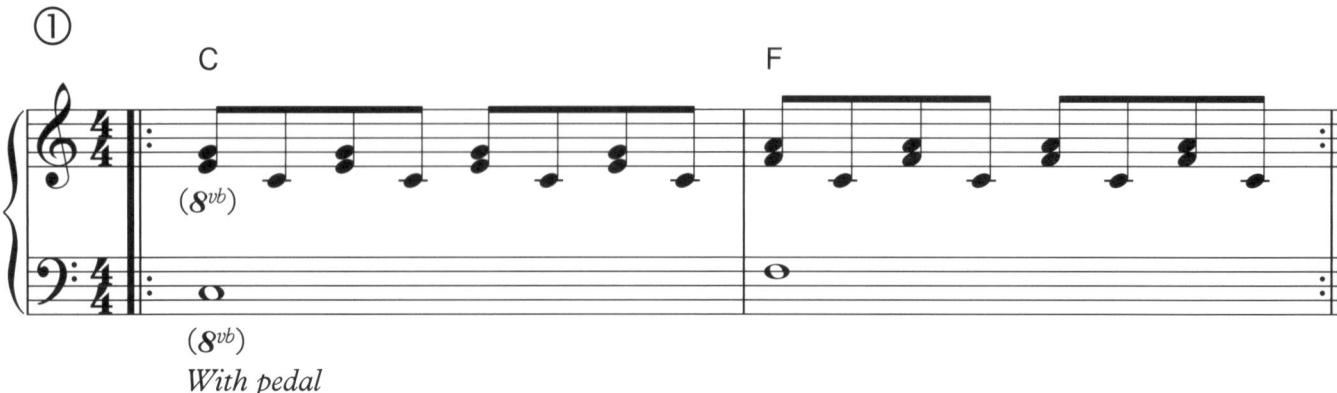

Pattern 2 ist sehr einfach. Die Akkordverbindung kommt u.a. in *Get Lucky* von Daft Punk vor.

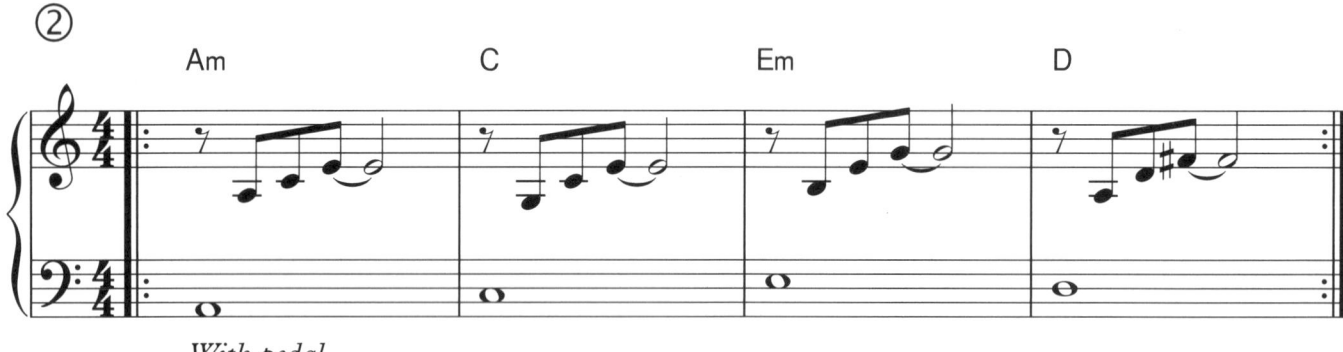

Pattern 3 wird z.B. in *Someone Like You* von Adele verwendet.

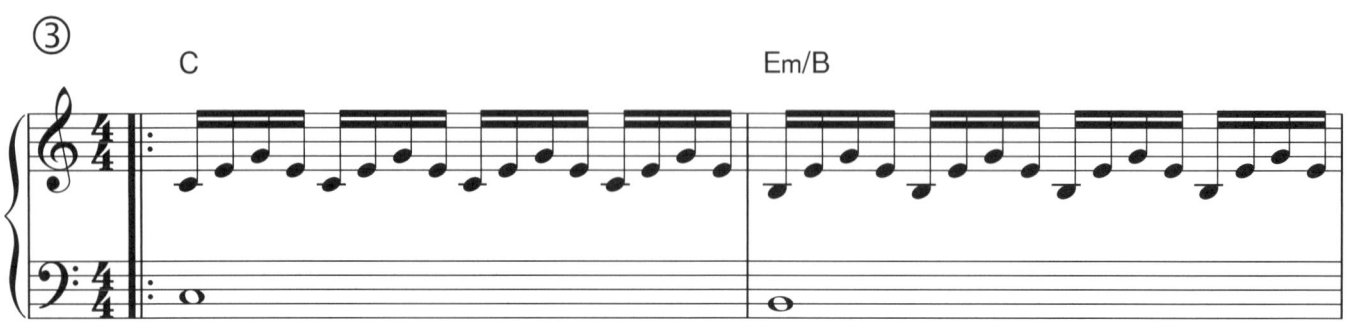

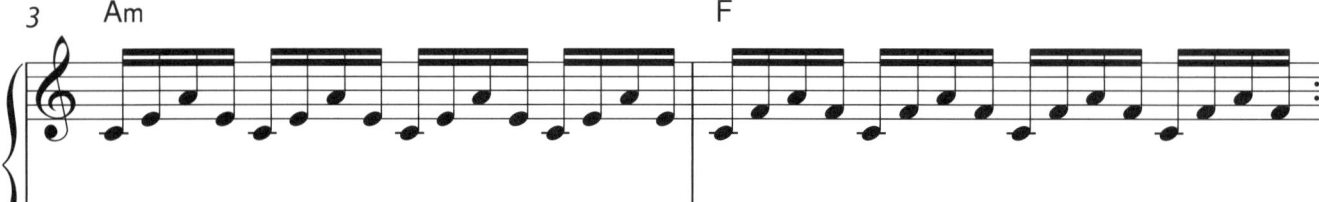

Pattern 4 findest du z.B. in *Apologize* von One Republic.

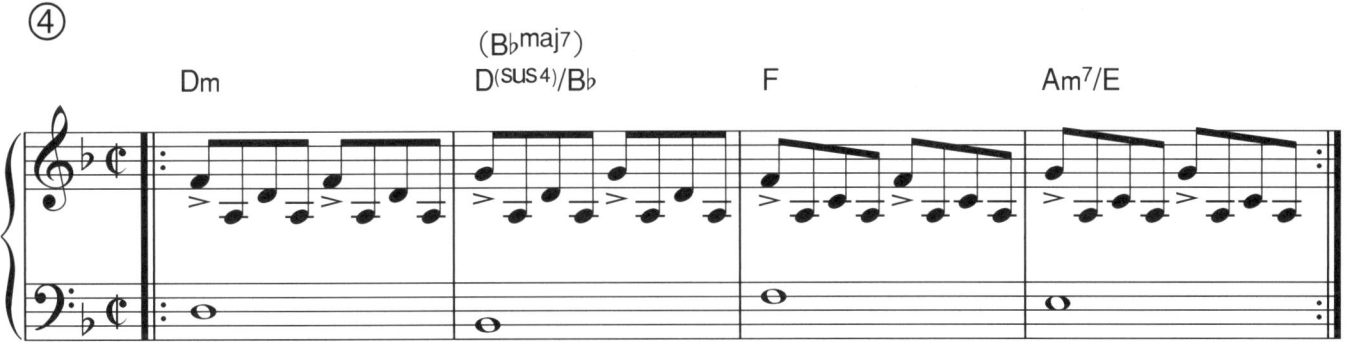

Pattern 5 ist im **6/8-Takt**! Die Akkordfolge kommt z.B. in *We Are the Champions* von Queen vor.

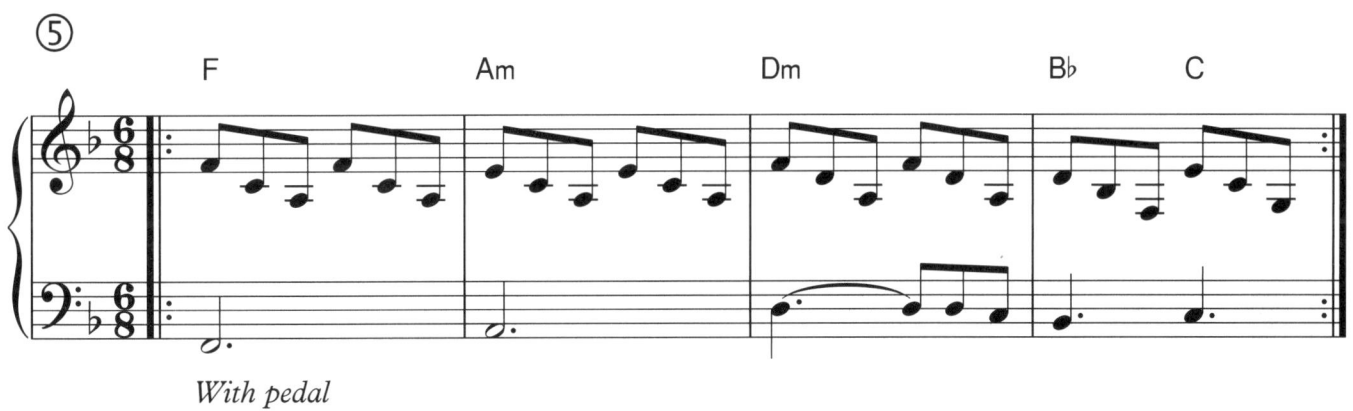

Pattern 6 ist im **3/4-Takt**! Dieses Begleitpattern wird u.a. von Alicia Keys in *If I Ain't Got You* verwendet.

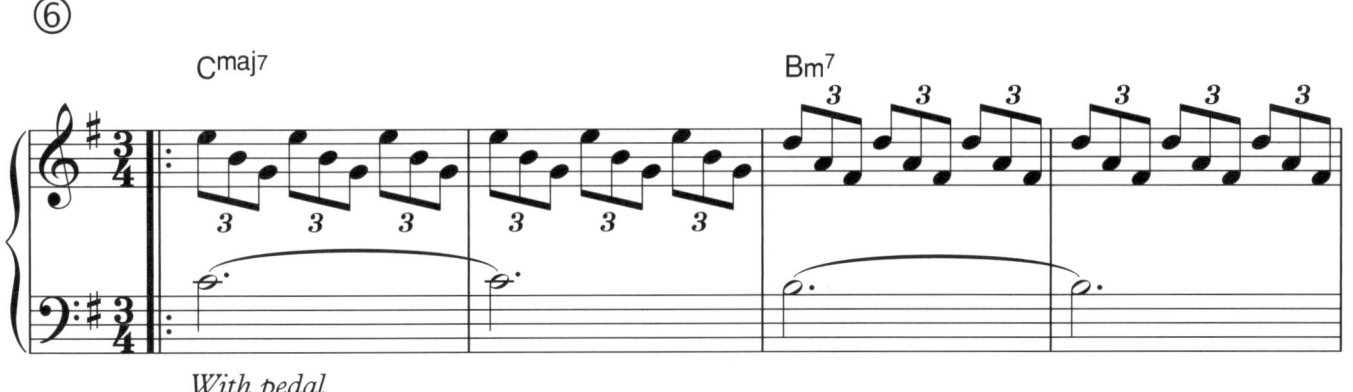

Anhang: Akkordbrechungen

Schöne Symmetrie

Wie Fixsterne am Himmel der Notensysteme ...

... dienen die C's der Orientierung beim Notenlesen.

Behalte dieses Bild gut im Kopf! Dann wird es dir irgendwann nicht mehr schwerfallen, Stücke in verschiedenen Tonlagen schnell zu erfassen ...

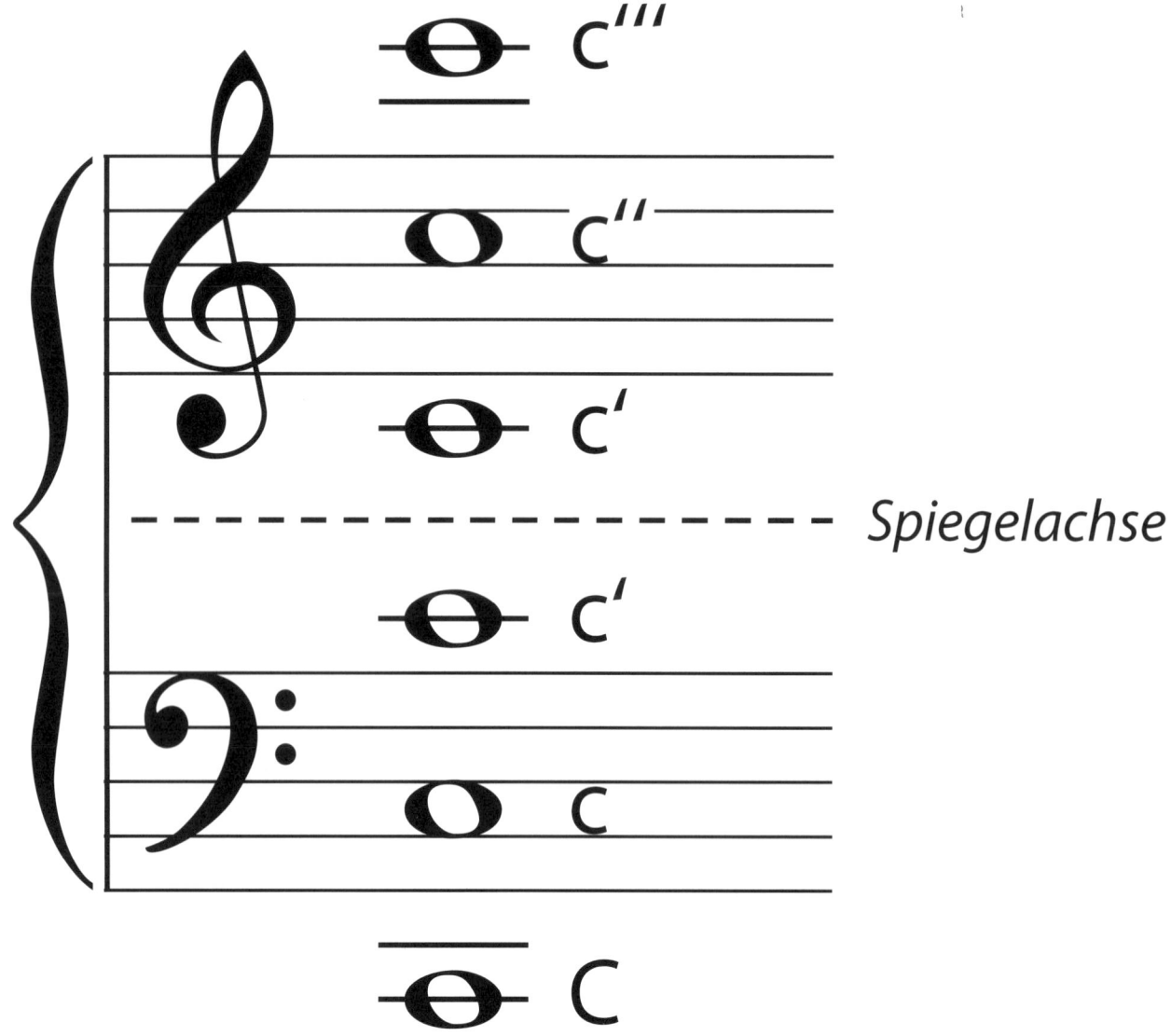

Lösungen

Falls Du die Lösungen zu den Aufgaben auf den Seiten 55 und 85 noch einmal überprüfen möchtest, habe ich Dir auf dieser Seite die Lösungen zusammengestellt.

S. 55

Ergänze den Dur-Akkord!   Ergänze den Moll-Akkord!

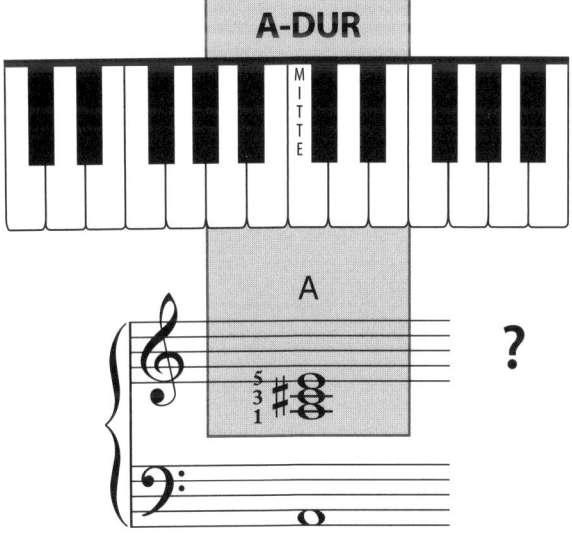
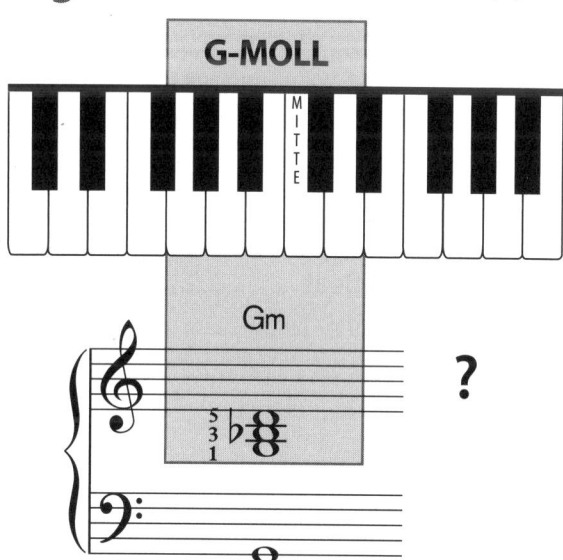

Wie heißen diese Akkorde?

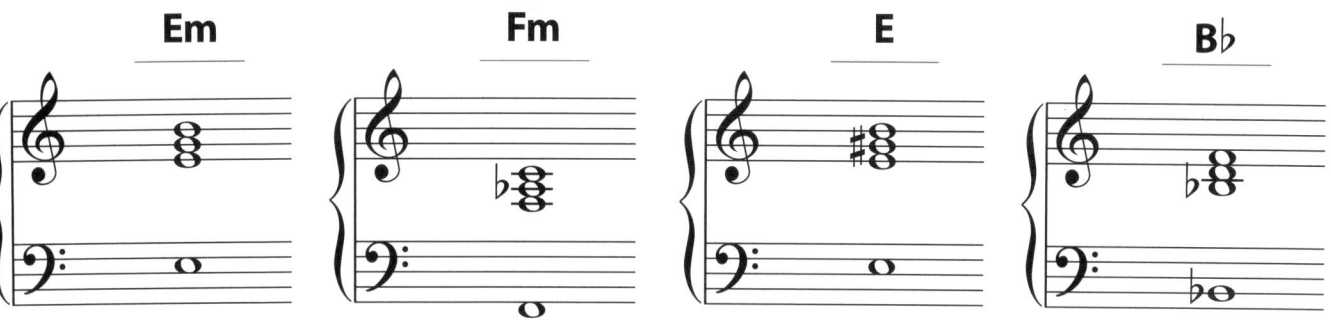

S. 85

Welche Akkorde findest du in *Memories*?

| C | D/C | Em | D/E | G | D/G |

Anhang: Lösungen

CD-Übersicht

CD Track		Seite	CD Track		Seite
01	Daydream	20	36	Dreams	69
02	Here We Go	21	37	Song for Everyone	71
03	Got It!	23	38	Hey Roger!	73
04	Meditation	25	39	Arend B.	75
05	Strolling	26	40	Summer Reggae	77
06	The Way We Play	27	41	Lenny's Groove	78
07	Joy (Secondo und Primo)	28	42	House of the Rising Sun	81
08	Joy (Playback)	28	43	Secret Chords	82
09	Wave	31	44	Let's Be Creative	84
10	Radio Rock Star	33	45	Memories	85
11	Pick Up the Beat	35	46	Stay Together	87
12	Island Rhythm	35	47	Side by Side	88
13	Nordic Waltz	37	48	Emotions	90
14	Mirrors	38	49	Peace	91
15	Disco Dancer	39	50	Don't Let Go	92
16	Song for Lydia	40	51	Elegy	93
17	Stairway	41	52	Übung Quinten und Sexten in der LH	94
18	Latin Dance	41	53	Mrs. Sippie	95
19	Broadway	42	54	Sailing Away	96
20	Walking Down the Road	43	55	Boulevard	97
21	Where Are You Now?	44	56	Piano Love	98
22	Reflection	47	57	Say It Loud	99
23	Ticking Clock	48	58	Bonnie J.	101
24	Hold On	49	59	4/4-Variationen für die LH	102
25	California Journey	50	60	Für Elise	103
26	Distant Lights	51	61	Happy Ending	104
27	Chords	52	62	Tonartwechselübung	105
28	Harmony	53	63	Exercise #1	106
29	Back in the City	56	64	Exercise #2	107
30	Confidence	59	65	Exercise #3	107
31	Classic Lines	60	66	Horizon	108
32	Eddy's Waltz	60	67	Scarborough Fair	110
33	Coming Home	63	68	Übung 3/4-Takt	111
34	Sunshine	66	69	Übung 6/8-Takt	111
35	Rising High	68	70	Morning Has Broken	112